Norbert Fuchs/Werner Goez

Die deutsche Stadt im Mittelalter

Arbeitsmaterialien
für den Geschichtsunterricht
11. Jahrgangsstufe

Herausgegeben von A. Atzerodt, K. Möckl, K. H. Ruffmann

R. Oldenbourg Verlag München

Zu diesem Schülerarbeitsblock gehört ein Lehrerheft,
Bestell Nr. 486–00981

Bildnachweis:

Titelbild:	Nürnberg, aus der Weltchronik von Hartmann Schedel (Ausschnitt). Staatliche Graphische Sammlung, München
S. 13:	aus: Georg Steinhausen, Geschichte der Deutschen Kultur, Leipzig und Wien, 1904, S. 104
S. 15 u. 17:	Stadtpläne von Würzburg und Nördlingen (Ausschnitte), mit freundlicher Genehmigung der Fa. Städte-Verlag E.v.Wagner & Mitterhuber, Stuttgart-Bad Cannstadt
S. 16:	nach: Regensburg – Zur Erneuerung einer alten Stadt. Hrsg.: Städtebauliches Seminar der Stiftung Regensburg, Düsseldorf 1967
S. 16:	Burghausen, nach: Bayerischer Geschichtsatlas, München 1969, S. 12
S. 18:	Matthäus Merian, Schweiz. Faksimile (Ausschnitt), Kassel 1968
S. 24:	Stadtarchiv München
S. 25:	Siegel Gelnhausen, Stadtarchiv Gelnhausen
S. 25:	Siegel Pottenstein, aus: Jahrbuch für fränkische Landesforschung 34/35 (1975), Tafel b. S. 680, Nr. 5
S. 25:	Siegel Lübeck, Archiv der Hansestadt Lübeck (Original 9 cm Ø)
S. 25:	Siegel Boppard, mit freundlicher Genehmigung des Britischen Museums, London
S. 28:	Abb. aus: Das Münzkabinett des Historischen Museums Frankfurt, Ausstellung 1964
S. 38 u. 46:	Illustrierte Geschichte der deutschen frühbürgerlichen Revolution, Berlin (Ost), 1974, S. 22 u. 23

1. Auflage 1977
Unveränderter Nachdruck 89 88 87 86
Die letzte Ziffer bezeichnet
lediglich das Jahr des Drucks.

ISBN 3-486-00971-0

Composersatz: Satzstudio Frohberg, Freigericht
Druck und Bindearbeiten: E. Rieder, Schrobenhausen

Inhaltsverzeichnis

Einführung:

Werden und Bedeutung der deutschen Stadt im Mittelalter

Urbane Lebensformen bestimmen unsere Existenz. Etwa 85 % der Bevölkerung der Bundesrepublik sind entweder in Städten ansässig oder arbeiten in ihnen. Auch das Leben auf dem „platten Land" ist längst in vielfältiger Hinsicht städtisch geprägt. Aber Deutschland war nicht immer ein Raum der Städte. Die urbane Siedlungsweise ist anscheinend vor mehreren Jahrtausenden im vorderen Orient entstanden; früh verbreitet in den Ländern rings um das Mittelmeer fehlte sie bei den Germanen. Erst die Römer schufen mit ihren Militärlagern, Veteranenkolonien und Verwaltungszentren an Rhein, Mosel und Donau, aus denen Städte erwuchsen, darin einen Wandel. Als die Germanen die Grenzen des Imperium Romanum überrannten, wurde diese Entwicklung freilich jäh abgebrochen. Die Sieger blieben bei der angestammten Lebensweise; sie mieden die Städte. Die meisten sanken in Trümmer; nur inselhaft existierte die romanisierte Bevölkerung in ihnen fort. Hatten die Römer von den Städten aus über das umgebende Land regiert, so wurde es nun umgekehrt: Auf ländlichen Herrenhöfen saßen die neuen Machthaber, denen auch unterstand, was von den Städten übrig geblieben war. Nur die Organisation der Kirche orientierte sich weiterhin am römischen Verwaltungsvorbild mit seinen urbanen Zentren.

Adliges Landleben wurde zu einem Hauptkennzeichen der neuen Epoche. Um einen Herrenhof gruppierten sich abhängige Bauernstellen; die Produktion war wesentlich auf die eigene Bedarfsdeckung (Autarkie) ausgerichtet. Nur wenige Produkte mußten regelmäßig hinzugekauft werden: vor allem Salz und Metallwaren. Man erwarb sie bei *reisenden Fernhändlern*, die für die Großen, Adel und Klerus, auch Gewürze aus fremden Ländern, Weihrauch und wohlriechende Essenzen sowie Schmuckwaren zum Verkauf mitführten. Es gab durchaus einen überörtlichen Warenaustausch, der sogar erhebliche Entfernungen überbrückte, aber er beschränkte sich auf wenige Warengruppen und zielte in erster Linie auf die Bedürfnisse der vornehmen Oberschicht. Der Herrscher schützte die reisenden Kaufleute, zunächst vor allem Angehörige mediterraner Volksgruppen, seit der Karolingerzeit in steigender Zahl Friesen.

Nicht das ganze Jahr über zogen diese Fernhändler mit ihren Karawanen durch das Land. Die Archäologen haben einige ihrer Winterquartiere ausgegraben, zumeist einzeilige, unbefestigte Straßendörfer, die man als *Wike* bezeichnet. Hier muß ein genossenschaftlich geordnetes Leben geherrscht haben, dem freilich die Raubfahrten der Wikinger ein Ende bereiteten. Im Laufe des 9. Jahrhunderts wurden die Verhältnisse in Mittel- und Westeuropa unerfreulich und friedlos; man lernte den Schutz fester Mauern wieder schätzen!

Nicht die Wike sind zum Ausgangspunkt der Stadtentstehung im Mittelalter geworden; die Entwicklung ging eher von einigen *alten Römerstädten* aus, vor allem im Raum zwischen Rhein und Seine. Der bischöfliche Hof stellte schon damals eine wichtige Konsumentengruppe dar; dank der Einführung des Kirchenzehnten verfügte man dort über Geld oder Naturalien als Zahlungsmittel; das feinere Leben kannte höhere Bedürfnisse. So siedelten sich manche Fernhändler in der Umgebung des Bischofs an; in Mainz, Worms, Straßburg und andernorts kennt man sog. Friesen-Vorstädte: Kaufmannsviertel aus früher Zeit, die den Schutz der hohen Geistlichkeit genossen. Bischof zu sein, war aber in jenen Tagen nicht nur ein rein kirchliches Amt, denn die Krone nahm den Episkopat in steigendem Ausmaß für weltliche Zwecke und Ziele in Dienst. Am Bischofssitz lebten die Kaufleute sicherer und dabei zugleich in nächster Nähe ihrer besten Kunden.

Wohl in Zusammenhang mit einer Verbesserung der Ernährungsgewohnheiten und der Technik des Ackerbaues kam es damals zu einem erheblichen Anstieg der Bevölkerung. Mit vermehrter Arbeitsteilung suchte man den gesteigerten Bedürfnissen zu entsprechen. Der Warenaustausch vergrößerte sich; das Verteilernetz war daher zu verbessern. So kam es namentlich im 10. Jahrhundert zu zahlreichen *Markt*gründungen. Anfänglich bedurfte es eines königlichen Gnadenbriefes, wenn ein neuer Markt eingerichtet werden sollte. Die Krone war großzügig in der Ausstellung solcher Privilegien; viele geistliche und weltliche Grundherren profitierten davon, denn sie erhoben Gebühren und Zölle, nützten das ihnen zumeist mit dem *Marktprivileg* zugestandene Münzrecht und übten selbst oder durch Vertreter die Marktgerechtigkeit, die Gerichtsbarkeit über alle Streitfälle im Zusammenhang mit Kauf und Verkauf – und die ihnen dafür zustehenden Abgaben waren nicht gering.

Den Germanen galt der Krieg geradezu als der Normalzustand, wenn nicht Friede eigens „gehegt" wurde. Handel und Marktbesuch standen unter königlichem Friedensgebot; der Markt stellte daher einen räumlich dauerhaft verfestigten Friedensbereich dar. Hier war die Fehde verboten, die rechtliche Selbsthilfe der Adligen, die sich lieber mit dem Schwert als vor dem Richter erstritten, worauf sie Anspruch zu haben glaubten. In einer Welt des Un-Friedens wurde der Markt – wie immer schon Haus, Gefolgschaft, Thingstätte und Kirche – zu einem Raum, in dem Gewalttat unter schwere Strafe gestellt, Rechtsverletzung eine prinzipiell nur vor dem ordentlichen Gericht zu ahndende Sache und das öffentliche Interesse dem privaten vorangestellt wurde. Zeichen des neuen Marktfriedens – aus dem bald der Stadtfriede werden sollte – war das aufgesteckte Gerichtsschwert, das Marktkreuz oder der Roland, die Erinnerung an den heldenhaften Paladin des großen Karl, der Witwen und Kaufleute schützte.

Das Friedensgebot verpflichtete alle in gleicher Weise, Einwohner wie Besucher, Große und Kleine. Das Recht, nach welchem das herrschaftliche Marktgericht Urteil sprach, galt für jeden Kaufmann, woher er auch kam und welchen Standes er war. Es ist für uns schwer vorstellbar, daß die anscheinende Selbstverständlichkeit „Gleiches Recht für alle" in Wirklichkeit einmal eine Revolution im juristischen Denken bedeutete! Vordem lebte jeder nach den Normen des Rechtes, in das er persönlich nun einmal hineingeboren war, selbst wenn er sich inzwischen in anderer Umgebung aufhielt – der vom Niederrhein nach dem fränkisch-salischen Stammesrecht, einer aus dem Neckarbogen nach der „Lex Alemannorum", einer aus Freising gemäß dem altbairischen Gesetz. Das Ortsrecht war dem Geburtsrecht nachgeordnet; auf einem Markt konnte es zu einem Dissens zwischen Kaufleuten verschiedener Herkunft kommen, weil sich die Gesetzbücher widersprachen, nach denen sie sich richteten. Damit machte das neue Prinzip dadurch ein Ende, daß fortan in einem Marktflecken ausschließlich das dortige Kaufmannsrecht anzuwenden war. Was zunächst nur für die Streitfälle zwischen Fernhändlern galt, weitete sich zum allgemeinen Rechtsprinzip aus. Unser Empfinden, daß die gleichen Normen für alle in gleicher Weise verbindlich sein sollen, entstammt dem mittelalterlichen Markt- und Stadtrecht.

Friede und *gleiches Recht* für alle Kaufleute – das waren die großen Errungenschaften des 10. Jahrhunderts, welche die Städte von der älteren Wirtschaftseinrichtung, dem Markt, übernahmen. Aber die mittelalterliche „civitas" wird noch durch ein drittes zusätzliches Element konstituiert: *Freiheit*. Im ersten erhaltenen Stadtprivileg Mitteleuropas, der Handfeste von Huy (Maas) von 1066, heißt es, weil die Bürger dieses Ortes sich an der Errichtung einer neuen Kirche freiwillig mit erheblichen Aufwendungen beteiligten, verleihe ihnen der Bischof von Lüttich als Ortsherr eine große, unverbrüchliche Freiheit.

Das Wort ist mehrdeutig. Freiheit meint an dieser Stelle offenbar soviel wie: Selbstbeschränkung des Stadtherrn bezüglich der Ausübung seiner Befugnisse in Huy. Die wohlhabenden Bürger entlasten den Bischof bei bestimmten Ausgaben finanziell; dafür verzichtet er auf einen Teil seiner Herrenrechte über den Platz. Freiheit bedeutet den teilweisen Abbau der bisherigen Herrschaftsstruktur; positiv gewendet, entspricht dem die Gewinnung eines Freiraumes für die Übernahme des Regiments durch die Bürger selbst: *Autonomie*. Das Streben nach Autonomie kann verschiedene Gestalt annehmen, in Huy „kaufen" sich die Bürger Freiheit; in Köln wollen sie sie 1074 nach Übergriffen der erzbischöflichen Beamten erkämpfen – was mißlingt. Wohl nirgends wird die Autonomie im ersten Anlauf vollständig errungen; es gab unterschiedlichste Stadien kommunaler Emanzipation vom stadtherrschaftlichen Joch, oft in engster Nachbarschaft.

Überall war dabei die Schicht der Fernhändler die treibende Kraft. Ob es an der Weite des Horizontes, an der Welterfahrung dieser Herren lag, die oftmals zwischen Rußland und Spanien auf Geschäftsreise waren? Für die Masse der geringeren Stadtbewohner mochte es gleichgültig sein, wie das Regiment beschaffen war – wenn es nur Schutz bot, Übergriffe unterließ und die Abgaben und Fronarbeiten in Grenzen blieben! Zumeist waren die „kleinen Leute" leibeigen, dem Heiratskonsens-Recht und im Sterbefall der Abgabe des „Besthauptes" (wertvollstes Stück Vieh, wertvollstes Stück Hausrat u. dergl.) unterworfen; aber die Formen dieser Abhängigkeit milderten sich. Die politische Aktivität ging nicht von der Unterschicht aus – im Gegensatz zu einer späteren Periode. Die Haltung der reichen Kaufmannschaft entschied. Sie übernahm selbst das Marktgericht; sie besetzte den *Rat* – das neue Entscheidungsgremium der Stadt – und bestimmte in dem (unterschiedlich großen) errungenen Freiraum die Geschicke des Ortes.

Es gab daneben noch eine zweite Gruppe, welche auf den Emanzipationsvorgang erheblichen Einfluß gewann: die stadtherrschaftlichen Ministerialen. Diese – geburtsrechtlich zumeist unfreien – Ritter waren als Burgmannen für die Verteidigung verantwortlich; als fürstliche Offiziale nahmen sie die Verwaltung wahr. Seit der Wikinger-, Ungarn- und Slawennot des 9./10. Jahrhunderts hatte man viele Städte ummauert, so daß sie die Funktion von Großfestungen erhielten. Manche Orte sind ausgesprochen zu diesem Zweck gegründet worden; namentlich die Staufer hatten einen wachen Sinn für die militärische Bedeutung des Städtewesens. Die Interessen mochten zwischen Ministerialität und Kaufmannschaft gelegentlich auseinandergehen; auf Dauer aber verschmolzen beiden Gruppen fast überall zum städtischen *Patriziat*, einer exklusiven Oberschicht, die geradezu ein Monopol auf das Stadtregiment beanspruchte und auf die „kleinen Leute" kaum anders herabsah, als die Feudalherren von ihren Burgen aus auf die fronenden Bauern. Ihren militärisch bestimmten Lebensstil brachten die Ministerialen in die städtische Sphäre hinein; sie errichteten Turmburgen, wie sie vor allem in Regensburg in großer Zahl erhalten blieben. Die Patrizier aus dem Kaufmannsstand taten es ihnen bald nach.

Es ist ein bemerkenswertes Faktum, wie rasch das Streben nach Emanzipation von der fürstlichen (bischöflichen) Stadtherrschaft die Bürgerschaft zwischen Seine und Rhein, bald auch darüber hinaus in Innerdeutschland, ergriff. Acht Jahre nach der Handfeste von Huy stellte Heinrich IV. sein erstes Städteprivileg für Worms aus. Aber nicht nur die Umwandlung vorhandener Ortschaften in Städte im neuen Rechtssinn wurde zu einer gehäuft auftretenden Erscheinung: Es kam – je länger, desto zahlreicher – zu *Neugründungen* „aus wilder Wurzel". Ob die Initiative dabei in erster Linie vor einer kaufmännischen Schwurgemeinschaft, einer Fernhändlergilde, als dem „Gründungskonsortium" ausging, wie Fritz Rörig behauptete, oder doch stärker beim fürstlichen Gestaltungswillen lag, hat eine heftige Forschungskontroverse ausgelöst. Heute wird der Entschluß des Landesherren in den Vordergrund gestellt; doch es bedurfte beider Größen. Wenn man nur die typische Fernhandelsstadt ins Auge faßt, wird man den Anteil der Kaufleute an der Stadtgründung höher einschätzen, als wenn man an die vielen Kleinformen denkt, die dörflichen Charakter behielten, in ihrer Wirtschaft ganz agrarisch ausgerichtet waren und bloß Kümmerformen urbanen Lebens entwickeln konnten. Hier war es gelegentlich nur ein unangebrachter fürstlicher Ehrgeiz, auch eine Stadt zu besitzen, der zum Gründungsbeschluß führte.

Eine Welle der Städtegründungen setzte im 12. Jahrhundert ein, beginnend im Westen und sich – mit zeitlicher Verzögerung – bis weit in den slawischen Raum fortsetzend. Sie endete schlagartig in der Mitte des 14. Jahrhunderts, als der Schwarze Tod zu einer schweren Bevölkerungseinbuße führte und in der Folge die Einwohnerzahl jahrhundertelang stagnierte. In diesen gut 200 Jahren entstanden die meisten deutschen Städte; die Zahl der Plätze, die später noch Stadtrecht gewannen, ist außerordentlich gering.

Der Vorgang wäre unverständlich, wenn nicht die Lebensqualität in den Städten erwiesenermaßen die auf dem Lande weit überragt hätte. Wenn „Freiheit" im Stadtprivileg von Huy soviel wie Selbstbeschränkung des Landesherrn bedeutete und damit städtische Autonomie ermöglichte, so gewann der Begriff bald noch einen anderen Sinn: den der Ablösung geburtsrechtlich begründeter Abhängigkeit. *„Stadtluft macht frei"* – so hat Jakob Grimm in glücklicher Anlehnung an die mittelalterliche Rechtssprache jenes Prinzip formuliert, nach welchem die Anwesenheit in einer Stadt ohne Beanspruchung durch den Leibherrn nach bestimmter Frist zu persönlicher Vollfreiheit führte. In den Städten winkte den in mannigfach abgestuften Formen der Leibeigenschaft lebenden, zu Frondiensten verpflichteten Landbewohnern binnen „Jahr und Tag" das Ende ihrer rechtlichen Abhängigkeit. Es kam daher zu einer Landflucht; Fürsten warben sich gegenseitig die Hintersassen ab, versuchten aber gleichzeitig zu verhindern, daß die eigenen Knechte in ihre oder gar fremde Städte zogen. Besonders großzügig erwies sich das staufische Königtum, welches in Schwaben, Franken und dem Elsaß als Gründer zahlreicher Städte hervortrat. Als Friedrich II. allerdings von den Fürsten zu politischen Zugeständnissen genötigt wurde, verbriefte er den Großen, hinfort keine Leibeigenen mehr in seinen Städten aufzunehmen. Doch fruchteten solche Stillhalte-Versprechungen nicht viel; die Klagen über die Einbürgerung auswärtiger Unfreier zum Schaden ihrer Herren wurden bald von neuem laut.

Die Verstädterung geschah nicht gleichmäßig. Bestimmte *Verdichtungsräume* prägten sich aus, vor allem *Flandern* mit den angrenzenden Territorien, das erste Gebiet, das schon im Mittelalter beständig auf Lebensmitteleinfuhr angewiesen war und vom Tuchexport lebte. Man verarbeitete dort die hochwertige englische Wolle; erst unter den Tudors baute die Krone des Inselreiches die heimische Tuchproduktion auf, so daß fortan spanischer Import in den Niederlanden versponnen und verwebt werden mußte. Besonders städtereich war seit dem frühen 13. Jahrhundert der *südwestdeutsche Raum*, dank der konkurrierenden Stadtgründungen von Zähringern und Staufern. Ein mit dem Städtebau besonders beauftragter Mitarbeiter Friedrichs II. war beispielsweise der Reichsschultheiß Wölflin von Hagenau; die Quelle berichtet von ihm, daß er die neugegründeten Orte „mit einer Mauer befestigte und einer großen Freiheit begabte". In Altbayern blieb die Zahl vollentwickelter Städte gering; die großen Marktorte übernahmen die Funktionen. Heinrich der Löwe ist – trotz der gewaltsamen, mit fiskalischen Interessen begründeten Errichtung Münchens – nicht in seinem südlichen Herzogtum, wohl aber in Sachsen als Städtegründer hervorgetreten. Hier ist an die Anfänge Lübecks zu erinnern; der Hafen an der Trave wuchs zur zweitgrößten deutschen Stadt des Mittelalters heran (nach Köln); in Wirtschaftsgebaren, Verfassung, Recht und architektonischer Gestaltung wurde Lübeck zu einem Vorbild der Urbanität für den gesamten *Ostseeraum*. Zahlreich waren die Gründungen zu Lübischem Recht, denn man bewidmete gern einen neuen Ort mit dem bekannten und bewährten Recht einer anderen Stadt.

Das Aufkommen der *Städte* veränderte auch die Verhältnisse auf dem *Land*. In den Städten lebte nun eine zahlenstarke und zahlungskräftige Konsumentengruppe, so daß es sich lohnte, gezielt für den dortigen Markt zu produzieren. Das platte Land wurde in die (typisch städtische) Arbeitsteiligkeit einbezogen; man bebaute die Äcker entsprechend dem zu erhoffenden Absatz. Ein Beispiel: Seit dem Mittelalter gibt es im Umkreis der Großstädte fast immer eine ländliche Zone, die ausschließlich Frischgemüse und -obst für den städtischen Markt erzeugt – erinnert sei an das Nürnberger „Knoblauchsland", an die „Ville" südwestlich von Köln oder an das „Alte Land" bei Hamburg. Erst seit der maschinellen Beschleunigung des Transportwesens und der Erfindung von Kühlaggregaten ist solche Spezialisierung rückläufig. Oder ein anderer Fall: Als das aufblühende Textilgewerbe in den Städten den Bedarf an Pflanzenfarben steigen ließ, ging man in der Umgebung von Erfurt dazu über, feldmäßig Waid anzubauen, eine Staude, aus der ein blauer Farbstoff gewonnen wurde; die thüringischen Bauern verkauften ihn vor allem an flandrische Tuchherren. So beeinflußte die Verstädterung auch das gesamte Wirtschaftsleben in den Dörfern.

Allerdings darf man sich die demographische Umwälzung nicht zu kraß vorstellen, die durch die Verstädterung bewirkt wurde. Der Anteil der Stadtbewohner an der Gesamtbevölkerung wird für die Mitte des 14. Jahrhunderts auf etwa 20 % geschätzt; er blieb durch das ganze 15. Jahrhundert einigermaßen konstant. Das Zahlenverhältnis zwischen den Menschen in den Städten und denen auf dem Lande war somit genau umgekehrt wie heute. Die *Ortsgrößen* werden häufig zu groß angesetzt. Nach Ammann dürfte es im mittelalterlichen Deutschland gegen 4000 Orte mit Stadtrecht gegeben haben (ohne den Verdichtungsraum der Niederlande). Die meisten von ihnen waren sehr klein. Etwa 200 Städte besaßen zwischen 2000 und 10000 Einwohner und waren damit nach damaligem Verständnis Mittelstädte. Über mehr als 10000 Einwohner verfügten nur 26 Orte; der größte war Köln, gefolgt von Lübeck, Danzig, Nürnberg, Metz, Prag, Wien, Augsburg und Magdeburg.

Rechtlich lassen sich die deutschen Städte des Mittelalters in drei Gruppen teilen. Weitaus die meisten Orte waren *Landstädte*, d. h. sie standen mit einer gewissen, im einzelnen sehr unterschiedlichen Verwaltungsautonomie unter einem Landesherrn, dem sie steuerpflichtig waren und der zahlreiche Befugnisse innerhalb ihrer Mauern wahrnahm. In größeren Territorien hatten sie in der Ständeversammlung des Landtags Sitz und Stimme, häufig nicht einzeln, sondern durch gemeinsam bestellte Vertreter. Die zweite Gruppe waren die *Reichsstädte*, Orte, die der Krone unmittelbar unterstanden. Ihre Zahl betrug einiges über einem halben Hundert. Die meisten von ihnen lagen in Schwaben, Franken und dem Elsaß – eben in den Kernbereichen der staufischen Macht, die es sich angelegen sein ließ, die urbane Entwicklung zu fördern. Zahlreiche Reichsstädte waren neben alten Königspfalzen entstanden – wie Aachen, Frankfurt, Goslar, Dortmund und Duisburg. Die nördlichste Reichsstadt war Lübeck, der Friedrich II. 1226 die Stellung einer „civitas imperii" eigens verliehen hatte. Zu einer dritten Gruppe gehörten jene Bischofsstädte, welche die Emanzipation von ihrem geistlichen Stadtherrn errangen und damit eine gewisse Reichsunmittelbarkeit gewannen, die freilich nicht unangefochten war (*freie Städte*). Zu ihnen zählten Straßburg, Speyer, Worms, Augsburg, Regensburg, zeitweilig auch Mainz, Köln und Konstanz. (Später vermischte man die beiden letztgenannten Gruppen häufig, sprach von „freien Reichsstädten" und dergl., doch ist dieser Sprachgebrauch dem Mittelalter fremd.)

In den Reichs- und freien Städten fand das *Königtum* in der Regel treue und opferwillige Verbündete. Schon Heinrich IV. hatte im Ausgang des 11. Jahrhunderts bei den rheinischen Bischofsstädten, die sich gegen episkopale Willkür erhoben, verläßliche Anhänger. Die Krone zog aus städtischen Steuerabgaben reichen Gewinn; diese

Zahlungen bildeten in staufischer Zeit geradezu den Löwenanteil unter den Einnahmen des Reiches. Aber es kam vor, daß zu Zeiten akuter Geldnot die Herrscher ganze Städte zum *Pfand* setzten; bis zur Erlegung des geschuldeten oder vorgeschossenen Betrages durch die Bürgerschaft selbst wurden sie fremden Fürsten übergeben. Der erste derartige Fall, der bekannt ist, ereignete sich 1204: Im deutschen Thronstreit zwischen Staufern und Welfen versetzte Philipp von Schwaben die Reichsstadt Duisburg dem Herzog von Brabant, um ihn auf seine Seite zu ziehen. Friedrich II. verpfändete dann Nordhausen, Aachen und Eßlingen, sein Sohn Konrad IV. Düren, Dortmund, Rothenburg, Schwäbisch Hall, Harburg, Dinkelsbühl, Breisach, Kaysersberg im Elsaß, Rheinfelden und Donauwörth – Ausdruck der schwindenden Macht des Königtums! Unter späteren Herrschern setzte der Brauch sich fort; besonders „großzügig" verhielten sich Ludwig der Bayer und die Luxemburger Kaiser in dieser Hinsicht. Sogar wenn eine Reichsstadt das Privileg erhalten hatte, niemals zum Pfand gegeben zu werden, bedeutete das keinen sicheren Schutz. Mancher Ort ging der Krone verloren, weil die Pfandschaft nicht ausgelöst wurde, und sank zur Landstadt herab.

Die *alten feudalen Kräfte* – vor allem der Landadel – sahen auf die städtischen „Pfeffersäcke" herab (Pfeffer stellte wegen der ungemein gewürzreichen Küche des Mittelalters einen besonders wichtigen und dabei wertbeständigen Handelsartikel dar, während die Kaufkraft des Geldes einer dauernden schleichenden Inflation unterworfen und oft landschaftlich sehr unterschiedlich war; daher wurde er vielfach geradezu als Geldersatz verwendet). Sie neideten ihnen den steigenden Wohlstand, während ihr eigener Lebensstandard sich minderte, und versuchten auf ihre Weise daran zu partizipieren. Die Entstehung des Raubrittertums geht dem Aufkommen der Fernhandelsstädte zeitlich parallel. Bischöfe und weltliche Magnaten richteten neue Zollstätten ein und erhöhten willkürlich die Gebühren; Fürsten, Grafen und Edelherren boten auf den Straßen Schutzgeleit gegen Geld und sperrten den Weg, wenn man das Angebot abschlug. Handel aber braucht Frieden und Verkehrssicherheit. Nur im Bündnis mit anderen war die einzelne Stadt mächtig genug, die Störung des Warenaustausches, die ungerechtfertigte materielle Belastung und die Gefahr, von einem benachbarten Großen ihrer Freiheit beraubt zu werden, zu überwinden. Seit die Macht der Krone sank, die lange für Frieden und Recht gesorgt hatte – Barbarossa brach einmal auf einem einzigen Feldzug über 30 Raubritterburgen –, begann die Epoche der *Städtebünde*. Manche dieser Vereinigungen verfolgte neben der Friedenswahrung politische Ziele – so der große Rheinische Städtebund von 1254, der Absprachen über die Königswahl tätigte. Aber die Sicherung von Verkehr und Fernhandel dominierte. So entstand die Hanse als eine Organisation der Kaufmannschaften bestimmter Städte an der Ostsee zu gegenseitiger Hilfe, wandelte sich dann in einen Städtebund, führte Krieg gegen Mächte, welche den wirtschaftlichen Interessen der Mitglieder entgegenhandelten, bedeutete bald selbst eine politische Kraft – und unternahm doch niemals den konsequent angegangenen Versuch, die einzelnen Mitglieder von der Landsässigkeit und Untertänigkeit unter bestimmte Fürsten zu befreien.

Als sich herausstellte, daß die politisch-militärische Schlagkraft solcher Unionen hinter den Erwartungen zurückblieb und sie im Kampf mit den Fürsten in der Regel unterlagen (vor allem im späten 14. Jhdt.), gingen einzelne, kraftvolle Gemeinwesen einen anderen Weg: Sie erwarben selbst Territorien und traten damit in Konkurrenz zu den umliegenden Landesfürstentümern. Beweggründe und Zielsetzungen waren sehr unterschiedlich. In Zürich war es der Stadtadel, der einen umfänglichen Außenbesitz erwarb und dort dem Lebensstil der vornehmeren Standesgenossen auf dem Lande huldigte. Lübeck dagegen sorgte für die Verbindungslinien ins Landesinnere; es trieb *Territorialpolitik* als Straßenpolitik entlang der Salzstraße nach Lüneburg, westwärts in Richtung Hamburg, hinein nach Mittelholstein, um dem Handel die Wege offen zu halten. In Nürnberg führte nicht nur die Gefährdung durch den Zollerischen Burggrafen zu dem Entschluß, ein eigenes Territorium als militärisches Glacis zu gewinnen, sondern auch die Sorge um die Energiequellen des städtischen Gewerbes: Durch die Erwerbung des Reichswaldes, wo die erste planmäßige Forstwirtschaft in ganz Europa durch Nadelsaat für die regelmäßige Aufforstung geschlagener Baumbestände sorgen sollte, sicherte man die Zufuhr von Brennmaterial für die zahlreichen Metallhandwerker. Ulm, Metz, Rothenburg, Frankfurt – jeder Fall ist anders gelagert, aber überall erstarkten die feudalen Verhaltensweisen und Denkvorstellungen in der städtischen Oberschicht, wenn die Erwerbung eines ländlichen Territoriums gelang.

Im Inneren waren die größeren Orte *keine* Stätten brüderlicher *Gleichheit*. Streng geschichtet lebte die Bevölkerung; Kleiderordnungen und Konsumgesetze schärften die Unterschiede im täglichen Zusammenleben ein. Anfänglich lag das autonome Regiment so gut wie ausschließlich in den Händen der *patrizischen Oberschicht*. Der Fernkaufmann hatte gegen 1200 das Schreiben gelernt; fortan zog er nicht mehr selbst in die Welt, Handel zu treiben, sondern überließ dies jüngeren Familienangehörigen und Beauftragten. Er betrieb nunmehr Wirtschaftsführung und -politik von der „scrivekammer" aus. Weltweit war die *Handelsverflechtung*; Vorstellungen von einer in sich ruhenden mittelalterlichen „Stadtwirtschaft", wie sie der Nationalökonom Karl Bücher in einem Entwicklungsmodell 1893 äußerte und wie sie immer noch weitverbreitet sind, gehen völlig in die Irre. Es waren nicht mehr vornehmlich Luxusprodukte, die über große Entfernungen gehandelt wurden, sondern gerade auch Massenprodukte, Textilien an erster Stelle. Zu deren Appretierung benötigte man Alaun (vom Bosporus), Pottasche (aus den baltischen Ländern, dort aus Holzasche gewonnen), Mineral- und Pflanzenfarben. 1313 wurden in der Stadt Ypern 92 500 gestempelte Bleiplomben als Gütezeichen von der amtlichen Produktionsaufsichtsbehörde an Tuchballen angebracht; jeder Ballen lag etwa 80 cm breit und besaß eine Länge von ca. 37 Metern. Der niederländische Ort Poperingen produzierte vor allem billiges Konsum-Tuch; es wurde bis nach Nordwestafrika und Südrußland verkauft. Kaum weniger bedeutend war der Lebensmittelfernhandel. Aus Skandinavien importierten hanseatische Kaufleute tonnenweise eingesalzene Butter und getrockneten Fisch; sie lieferten dem Land dafür Getreide. Die Heringsfanggründe südlich von Schonen erbrachten jährlich mehrere Hunderttausend Tonnen Hering, der bis nach Wien, Krakau, Salzburg, Basel, Como und Mailand transportiert wurde. „Nürnberger Tand (Metallerzeugnisse) ging in alle Land." Dazu kamen natürlich die Spitzenerzeugnisse der italienischen Textilbetriebe, Pelze, Luxuswaren der verschiedensten Art bis hin zum König der Gewürze, dem Safran, der aus den Stempeln einer Krokusart gewonnen wurde, von denen 80 000 auf ein Kilogramm gehen.

Eindeutig dominierte in der mittelalterlichen Stadtwirtschaft der Handel, erst in zweiter Linie die Warenproduktion. Aber wie die Stadt durch eine Emanzipationsbewegung der Fernkaufleute von der fürstlichen Ortsherrschaft rechtlich entstanden war, so begehrten nunmehr die unteren Bevölkerungsschichten auf, verlangten wirtschaftliche Sicherstellung und bald auch politische Mitbestimmung. Die *Handwerker* waren in den meisten Städten in *Zünften* organisiert; diese übten die Gewerbe- und Preisaufsicht aus, regelten die Ausbildung des Nachwuchses, pflegten das Gemeinschaftsleben und suchten zu verhindern, daß auswärtige Gäste den eingesessenen Zunftmitgliedern durch Unterbietung und unerwünschte Konkurrenz Schaden zufügten. Die gewerbliche Tätigkeit wurde durch sie in engen Grenzen gehalten und reglementiert; war auch die mittelalterliche Stadt im Zeichen der Freiheit emporgestiegen, so bestand auf diesem Gebiet bald eine protektionistische Enge, die der Initiative der einzelnen entgegengesetzt war. Der zünftlerische Geist widersprach entschieden der Weite des Fernhandels.
Im Laufe des 14. Jahrhunderts gelang es den Zünften in vielen Städten, in die Vorrechte der patrizischen Geschlechter einzubrechen, die Ratsfähigkeit und eine bestimmte Quote an Sitzen für ihre Vertreter zu erlangen. In Orten wie Stralsund, Mainz, Straßburg, Zürich, Hagenau, Dinkelsbühl stellten sie fortan die Hälfte des Rates; an manchen Orten, beispielsweise in Oberschwaben, Augsburg oder Kolmar, ging man noch darüber hinaus. Man hat die zahlreichen Unruhen in den spätmittelalterlichen Städten, in deren Verlauf es vielenorts zu diesen Verfassungsänderungen kam, früher „Zunftaufstände" genannt; aber an ihnen waren häufig auch Bevölkerungsgruppen beteiligt, die gar nicht zünftlerisch organisiert waren. Die Verhältnisse waren so unterschiedlich, daß die Bezeichnung *„Bürgerkämpfe"*, die der Stadthistoriker Karl Czok vorschlug, sicherlich angemessener ist.
Während in einer Reihe mittlerer Gewerbeorte die neue Verfassung durchaus den wirtschaftlichen und sozialen Gegebenheiten entsprach und sich daher fest etablieren konnte – beispielsweise in den oberschwäbischen Reichsstädten, in denen erst Karl V. kurz vor der Mitte des 16. Jahrhunderts aus religionspolitischen Gründen die Geschlechterherrschaft wiederherstellte –, paßte sie schlecht zu den bedeutenden Fernhandelsplätzen, deren Schicksal nun einmal mit den großen Kaufmannsfamilien unlöslich verknüpft war. Hier war eine Gegenbewegung zu konstatieren, die zumeist zu einer Erneuerung der alten Verhältnisse führte. Manchenorts wurden die Zünfte jetzt verboten; der Rat übernahm die Funktionen, welche bislang von der Handwerkerorganisation ausgeübt worden waren. Aber die patrizischen Familien, deren Zahl sich durch Aussterben, Auswanderung oder Fallimente verringert hatte, so daß schließlich das Regiment in vielen Orten in den Händen einer winzigen Gruppe von Geschlechtern lag, vergaßen die bitteren Erfahrungen nicht. Mißtrauen blieb zurück; der kühne Wagemut der städtischen Frühzeit ging verloren. Die exklusiv-vornehmen Ratsherren, die in der „Geschlechtertrinkstube" gesellschaftlich verkehrten, zu denen kein Nicht-Patrizier Zugang hatte, klammerten sich an eingespielte Verhaltensweisen und überalterte Normen. Was Goethe an seinem Heimatort kritisierte, der Reichsstadt Frankfurt von ca. 1760, die „dumpfe Stickigkeit", machte sich breit.
Patrizier und Handwerker waren nicht die einzigen Bevölkerungsgruppen. Es gab noch eine sehr breite *Unterschicht* der Habenichtse und Gelegenheitsarbeiter, die des Bürgerrechtes entbehrten und auf die Mildtätigkeit anderer angewiesen war; stellenweise betrug sie bis zu einem Drittel der Einwohnerschaft! Groß war die Zahl der Neuankömmlinge, die erst nach gesetzter Frist auf die Aufnahme in die Bürgerschaft rechnen konnten, die man vielenorts bewußt erschwerte, um keine unsicheren Elemente, Arbeitsunfähige und Bankrotteure zu Lasten der „ehrsamen Bürger" in der Stadt zu haben. Denn bei allen *Gemeinschaftsaufgaben* – Verteidigung, Feuerwehr, öffentliche Baumaßnahmen, Schuldendienst – hatte jeder das Seine beizutragen. Daß dabei der Reiche mehr als der Arme zahlen mußte, wurde allgemein akzeptiert, auch wenn die steuerliche Selbsteinschätzung derer, die über ein großes Vermögen verfügten, ihre Redlichkeit oft auf eine harte Probe stellte.
Wilhelm Pinder hat den 2. Band seiner deutschen Kunstgeschichte „Die Kunst der ersten Bürgerzeit" (im Unterschied zur „zweiten Bürgerzeit" im 19. Jahrhundert) überschrieben. Ein Rundgang durch eine unserer alten Städte mit ihren altargeschmückten Kirchen, Rathaus, Mauerring und der bewußten Gestaltung der Straßenbilder zeigt die Berechtigung dieser Formulierung. Das spätmittelalterliche Bürgertum war eine Kulturmacht von entscheidender Bedeutung. Schon im 13. Jahrhundert richtete man an einzelnen Orten städtische Schulen ein; ihre Zahl vermehrte sich im Lauf weniger Generationen ganz erheblich. Literarische Bildung war fortan nicht mehr ausschließlich ein Privileg der Geistlichkeit. In Köln, Basel und Erfurt wurden sogar Universitäten von der Bürgerschaft gegründet und unterhalten! Zugleich war das Bürgertum Träger des rechtlichen, wirtschaftlichen und sozialen Fortschritts, obwohl seit dem 16. Jahrhundert der sich ausformende geschlossene Fürstenstaat im Zeitalter des Absolutismus die Lebenskraft der mittelalterlichen Stadt weithin brach, den wehrhaften Bürger entwaffnete und zum „bürgerlichen" Zivilisten machte, die weltweite bürgerliche Unternehmerinitiative in landesherrschaftliche Enge verwandelte.
Aber im frühen 19. Jahrhundert konnte man an die große Zeit der mittelalterlichen deutschen Stadt unmittelbar oder mittelbar anknüpfen. Begriffe wie Bürgerrecht und Bürgerfreiheit, Bürgersinn und (vom geschlossenen Ort ausgeweitet auf das ganze Land) Staatsbürger weisen auf, was noch die Gegenwart der mittelalterlichen Stadt verdankt. Wesentliche Grundlagen unserer Existenz wurden damals und dort gelegt.

Zeittafel zur Geschichte der deutschen Stadt

260– 500	Völkerwanderung; Untergang der antiken Civitas im Rechtssinn	260– 500
	Epoche der königlichen Marktprivilegien	**ca. 830–1070**
919–1125	Könige aus sächsischem und salischem Hause	
	Ältestes erhalt. Stadtrecht nördlich der Alpen: Huy (Maas)	1066
	Bürgeraufstände gegen Bischof in Worms und Köln	1073/74
1076–1122	Investiturstreit	
	Epoche der Stadtgründungen und -erhebungen	**ca. 1120–1350**
	Gründungsprivileg von Freiburg (Datum umstritten)	1120
1138–1254	Könige aus staufischem Geschlecht	
1152	Reichslandfriede Friedrichs I. (Kaufmannsschutz)	
	Friedrich I. bestätigt und erweitert Stadtrecht Augsburgs	1156
	Heinrich der Löwe gründet München	1157/58
	Heinrich der Löwe erneuert Gründung Lübecks	1158/59
1180	Sturz Heinrichs des Löwen	
	Privileg Friedrichs II. für die Bürger Nürnbergs	1219
1220 u. 1231/32	Fürstenprivilegien Friedrichs II.	
1226	Friedrich II.: Deutschorden in Preußen, Lübeck Reichsstadt	1226
	1. Erwähnung des Fondaco dei Tedeschi in Venedig (dt. Kaufhaus)	1228
1250–1273	Großes deutsches Interregnum	
	Rheinischer Städtebund	1254
	Erste Hanse-Recesse	1260
	Straßburg erkämpft gegenüber dem Bischof Reichsfreiheit	1262
1273–1437	Könige aus versch. Häusern; Zeit der Hausmachtpolitik	
	Worringen: Köln erkämpft städt. Autonomie	1288
	Ludwig d. B. gestattet Frankfurt eine zweite Jahresmesse	1330
	Münster/Westfalen: Baubeginn der Rathausfassade	1335
	Zunftaufstand in Zürich	1336
1346–1356	Große Pestepidemie in Europa; Bevölkerungszahl stagniert	
	Epoche der spätmittelalterlichen Urbanität	**ca. 1350–1500**
1356	Goldene Bulle Karls IV.	
	Waldemar Atterdag von Dänemark zerstört Wisby (Gotland)	1361
	Friede von Stralsund: Höhepunkt der Hanse	1370
	Große Schicht in Braunschweig (Kampf gg. Patriziat)	1374/86
	Ulm: Grundsteinlegung des Münsters	1377
	Nürnberg: Baubeginn der 3. Mauer	1377
	Große Ravensburger Handelsgesellschaft	1380–1527
	Niederlage des schwäb. Städtebundes bei Döffingen	1388
	Kölner Bürgerschaft gründet städt. Universität	1388
	Beseitigung der Geschlechterherrschaft in Köln	1391
	Schlacht bei Bergtheim: Würzburg verliert Autonomie	1400
	Frankfurt: Rat kauft Haus „Zum Römer"	1405
	Nördlingen: Baubeginn St. Georg	1427
seit 1438	ausschließlich Habsburger Könige	
1450	Erfindung der Buchdruckerkunst	
1453	Eroberung Konstantinopels durch die Türken	
	Erzbischof Adolf II. erobert Mainz: Ende der Reichsfreiheit	1462
	Nürnberg: Chorweihe St. Lorenz	1477
1478	Iwan III. unterwirft Nowgorod u. schließt Hansekontor	
	Fürsten und Städte gründen Schwäbischen Bund	1488
1492	Entdeckung Amerikas	
1495	Ewiger Reichslandfriede: Fehdeverbot für den Adel	

Quellenteil

1. Zum Begriff der Stadt

Q 1.1 *Stadtbegriff im modernen Nachschlagewerk*

a) Brockhaus Enzyklopädie. 17. neubearb. Aufl. 17. Bd. Wiesbaden 1973.

„Stadt (zu Statt und stehen), eine nach der Einwohnerzahl größere Siedlung mit geschlossener Bebauung, hoher Bebauungsdichte, Arbeitsteilung ihrer Einwohner, mit Anziehungskraft auf ihre Umgebung (Herrschaftssitz eines Gebietes, Handelsplatz, kultischer Mittelpunkt u. a.). S. bestehen seit Jahrtausenden. Die Anlage der S. der Vergangenheit wurde meist durch Gesichtspunkte der Verteidigung, der Wasser- und Verkehrslage bestimmt . . .

Im Unterschied zu früheren Zeitabschnitten sind die Funktionen (Wohnen, Arbeiten, materielle, kulturelle und gesundheitl. Versorgung) der größeren S. vielfältiger; ihre Zentralität (Inanspruchnahme aus der Umgebung für Güter und Dienste) ist umfassender (oft auf Kosten benachbarter kleinerer S.) und ihre Bebauungsdichte höher."

b) Westermanns Lexikon der Geographie. Bd. IV. Braunschweig 1970.

„Stadt, eine menschliche Ansiedlung, die 1. eine gewisse Größe (Einwohnerzahl) besitzt, 2. meist in größeren Teilen geschlossene Bebauung aufweist, 3. „städtisches Leben" zeigt, dessen Merkmale sich vom Rand nach dem Zentrum meist steigern, 4. als wesentlichen Teil dieses „städtischen Lebens" ein Mindestmaß von Zentralität, d. h. Funktionen für ein außerstädtisches Umland besitzt . . . Das zweite Kriterium, die Geschlossenheit der Ortsform, ist oft ein Ausdruck ihrer Funktionen, jedoch nicht immer (Bebauungs- oder Bevölkerungsdichte) . . . Das Merkmal der Zentralität ist Ausdruck wichtigster städtischer Funktionen . . . als „Bedeutungsüberschuß", den ein Ort über andere Siedlungen in bezug auf die Versorgung mit „zentralen Gütern und Diensten" hat, also mit solchen des nicht täglichen Bedarfs (wie Behörden, höhere Schulen, Geldinstitute, Krankenhäuser, aber auch Verarbeitungsstätten agrarischer Produkte)."

c) Staatslexikon: Recht-Wirtschaft-Gesellschaft. 6. Aufl. 7. Bd. Freiburg 1962.

„Die S. verkörpert die menschliche, aus der Überproduktion ihres landwirtschaftlichen Versorgungsgebietes lebende und von dessen Ausmaß abhängige, mit Selbstverwaltung ausgestattete geschlossene Großsiedlung. Als Gemeinwesen unterscheidet sie sich vom Dorf u. a. durch die Berufsschichtung ihrer Einwohner, durch Anlage und Erscheinungsform. Nach S.typen unterscheidet man Land- (mit eigener Urproduktion), Markt-, Industrie-, Wohn-, Park-, Beamten-, Verwaltungs-, Hafen-, Verkehrs-Städte; nach der Größenform Klein- (5–20000 Einw.), Mittel- (bis 100000), Groß- (über 100000) und Welt-Städte (über 1 Mill.) S. war ursprünglich ein öffentlich-rechtlicher (legaler), seit 1887 in zunehmendem Maß praktisch ein statistischer Begriff."

Arbeitsauftrag zu Q 1.1 (a – c):

Welche Kennzeichen der Stadt werden in allen drei Lexika benannt?

Ordnen Sie diese Merkmale.

Inwieweit ergeben sich durch die jeweilige Zielsetzung der Lexika Unterschiede?

Q 1.2 *Die Siedlungsweise der Germanen*

Die einzige länderkundliche Monographie aus der römischen Antike und das wichtigste literarische Zeugnis über Altgermanien ist die „Germania" des Tacitus. Niedergeschrieben um das Jahr 100 n. Chr., soll diese Schrift den Römern, deren Sittenverfall Tacitus beklagt, ein heilsames Gegenbild von den Tugenden eines „Barbarenvolkes" vor Augen führen. Über die Siedlungsgewohnheiten heißt es in Kap. 16:

„Es ist weitbekannt, daß die Germanen nicht in Städten wohnen, ja sie wollen nicht einmal etwas von geschlossenen Siedlungen wissen. Nicht wie wir legen sie ihre Dörfer an; die Gehöfte stehen nicht in einer Reihe und grenzen auch nicht unmittelbar aneinander. Sie wohnen jeder für sich und weit zerstreut, wie ihnen gerade eine Quelle, ein Feld oder ein Gehöft zusagt. Jeder umgibt sein Haus mit einem Hof – vielleicht um sich vor Feuersgefahr zu schützen oder weil sie nicht besser zu bauen verstehen. Zum Bauen verwenden sie keine zubehauenen Steine oder Ziegel; sie nehmen für alles namentlich roh zugesägtes Holz, so daß ihre Häuser keinen erfreulichen Anblick bieten. Einige Stellen überstreichen sie sorgfältig mit hellglänzendem Lehm, so daß der Anstrich wie Malerei und farbiges Linienwerk anmutet."

Tacitus, Germania cap. 16. teilweise nach der Übersetzung von H. Ronge.

Arbeitsauftrag:

Was hält Tacitus für bemerkenswert?

Schließen Sie daraus auf die Siedlungs- und Baugewohnheiten der Mittelmeerwelt.

Q 1.3 *Stufen der Stadtentstehung in Mitteleuropa*

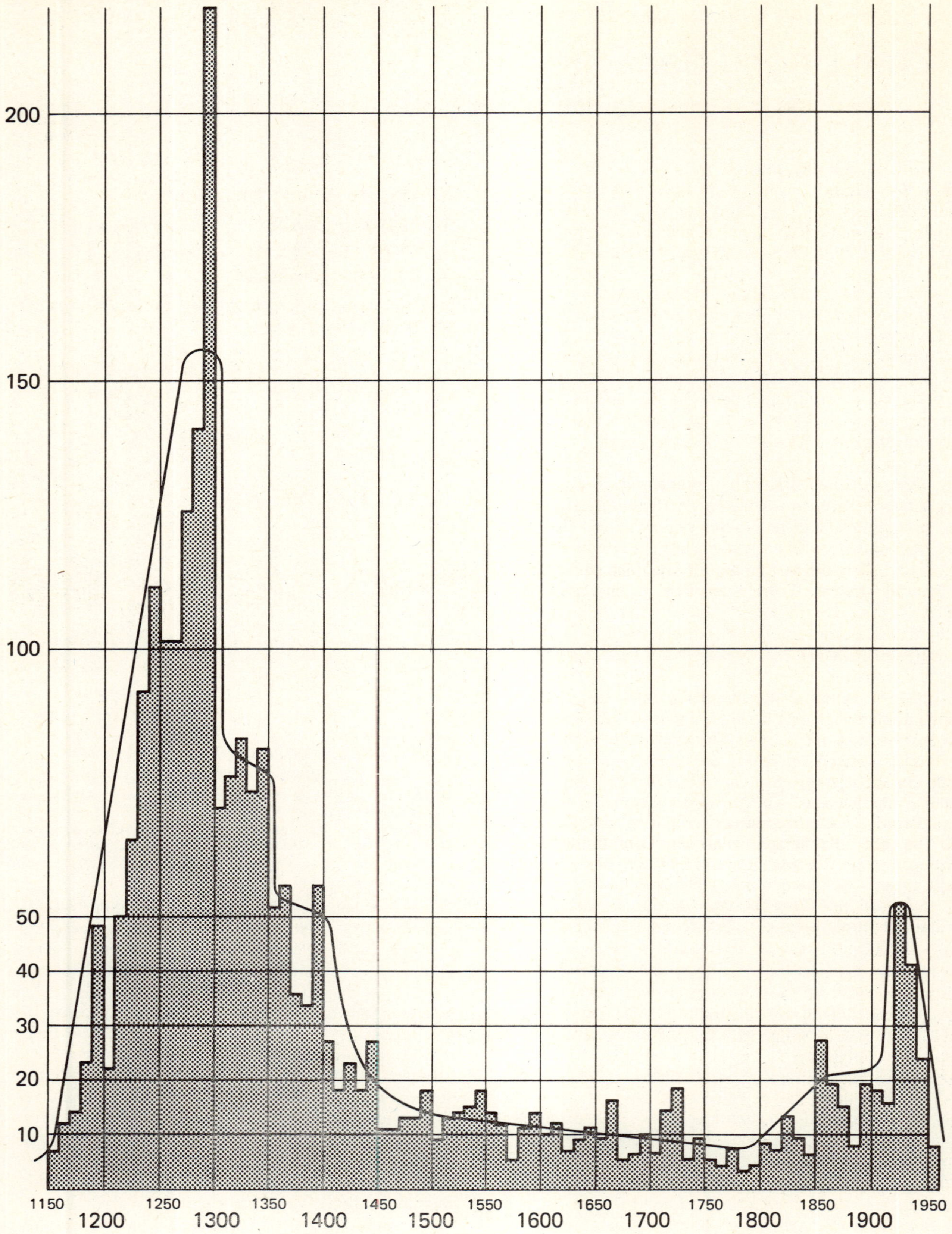

Arbeitsauftrag:

Interpretieren Sie die graphische Darstellung.

Welche Bedeutung hat demnach das Mittelalter für die Entwicklung des urbanen Lebens?

Wie entwickelte sich der Gesamtbestand an Städten während des erfaßten Zeitraumes?

Heinz Stoob, Kartographische Möglichkeiten zur Darstellung der Stadtentstehung in Mitteleuropa, in: H. Stoob, Forschungen zum Städtewesen in Europa, Bd. 1, Köln 1970, S. 21.

Q 1.4 *Edith Ennen: Was ist eine Stadt?*

„Die Frage: Was ist eine Stadt? läßt sich für das Mittelalter scheinbar sehr leicht beantworten. Als kompakte Silhouette heben sich die mauerumgürteten, dichtgebauten von Türmen der Kirchen und Burgen überragten Städte aus dem sie umgebenden Land heraus – ganz im Gegensatz zu den ausufernden Stadtsiedlungen unserer Zeit. Die Mauer macht die Stadt nicht nur zur Festung, sie markiert auch den Bereich eines besonderen Stadtrechtes – nämlich einer weitgehenden bürgerlichen Rechtsgleichheit im Gegensatz zur herrenständischen Ordnung, die außerhalb der Stadtmauern gilt –, einer Verfassung, in der freie Bürgerschaften ihren Stadtherren gegenüber Mitbestimmung oder sogar Autonomie behaupten – einer Ordnung also, die keimhaft die staatsbürgerliche Gleichheit unserer Zeit vorwegnimmt, so daß wir dieser Städtefreiheit allerdings nicht mehr bedürfen. Die mittelalterliche Stadtmauer umschließt eine Bewohnerschaft, deren besondere soziale Stellung nicht nur durch Freiheit, sondern auch durch Freizügigkeit und Mobilität, durch berufliche Spezialisierung und eine vielstufige Differenziertheit ausgezeichnet ist. In den Stadtmauern konzentriert sich die gewerbliche Wirtschaft der Zeit, die städtischen Behörden kontrollieren und dirigieren; in den Städten sind die Kaufleute ansässig geworden, die ein Netz von Handelsbeziehungen über Europa geworfen und auch Vorderasien und Nordafrika damit verknüpft haben; sie bestimmen die Geschicke der Stadt im Rat und treiben Wirtschaftspolitik in einer Zeit, in der die Könige und Fürsten, vollbeschäftigt, sich gegenüber ihren Vasallen durchzusetzen und einen modernen institutionellen Staat aufzubauen, kaum eine bewußte und konsequente, ihren Herrschaftsbereich als Einheit erfassende Wirtschaftspolitik treiben können.
Mittelpunkt des gewerblichen Lebens der Städte ist der Markt, hier vollzieht sich der Austausch verschiedenartiger Produktionsgebiete; durch den Markt beherrscht die Stadt ein abgrenzbares Umland, wird sie „zentraler Ort" des Wirtschaftslebens. Kultisch-kulturelle und politisch-administrative Raumfunktionen verdichten diese Zentralität, so daß alle übrigen zentralen Orte hinter den Städten mit der Vielzahl ihrer auch schon hierarchisch gegliederten zentralen Funktionen zurückbleiben. – In der Raumfunktion greifen wir eines der konstantesten Wesensmerkmale der Stadt. . . .
Auch der kombinierteste und variabelste Stadtbegriff ist nur ein Gerüst, eine Hilfskonstruktion, wenn es nun gilt, der bunten Fülle der äußeren Erscheinungen darstellend Herr zu werden, die in trümmerhaften Überlieferungen nur schwer präzise greifbaren Strukturen herauszumeißeln, die Vielfalt der Funktionen zu erkennen und in ihrem Geltungsbereich zu umgrenzen, eine lebendige und exakte Vorstellung der großen Städte und der hervorragendsten Städtelandschaften des Mittelalters in ihrer gegenseitigen Verflechtung zu geben und die zeitlichen Entwicklungsschichten voneinander abzuheben."

Edith Ennen, Die europäische Stadt des Mittelalters, 2. Aufl. 1975 S. 11 f.

Bau einer Stadt. Aus der „Cronica van der hilliger Stat van Coellen" des Johann Koelhoff, Köln 1499

Arbeitsauftrag:

Welche Begriffe der Lexika (Q 1.1, a–c) werden hier für die mittelalterliche Stadt konkretisiert, welche nicht?

Wodurch unterscheidet sich die Form der Begriffsbestimmung in diesem Text von der in den Lexika?

2. Stadtansichten und Pläne

Q 2.1 *Trier, Stadtplan um 1830*

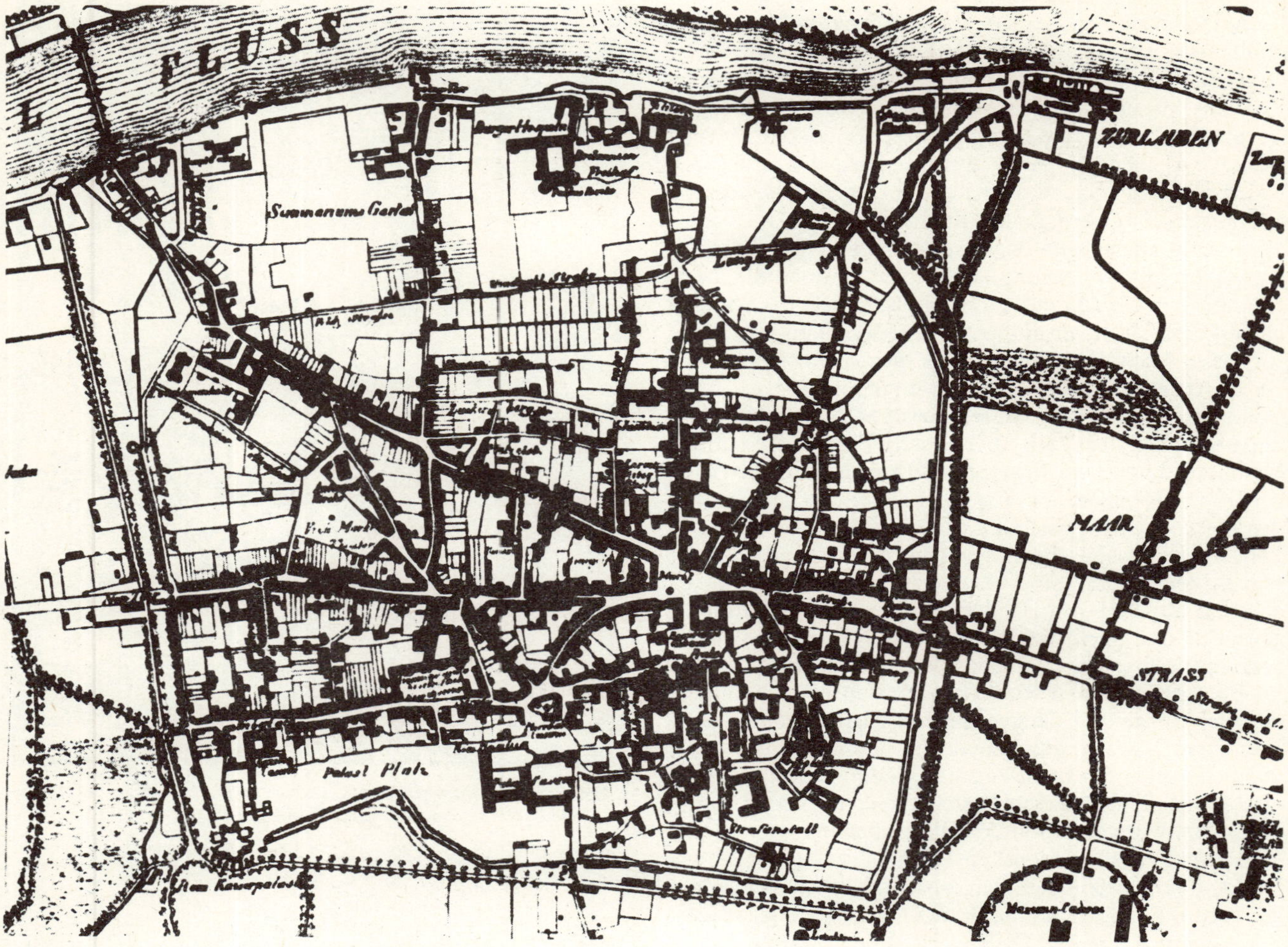

Q 2.2 *Würzburg*

a) Ansicht Würzburgs aus der Weltchronik von Hartmann Schedel, Nürnberg 1493

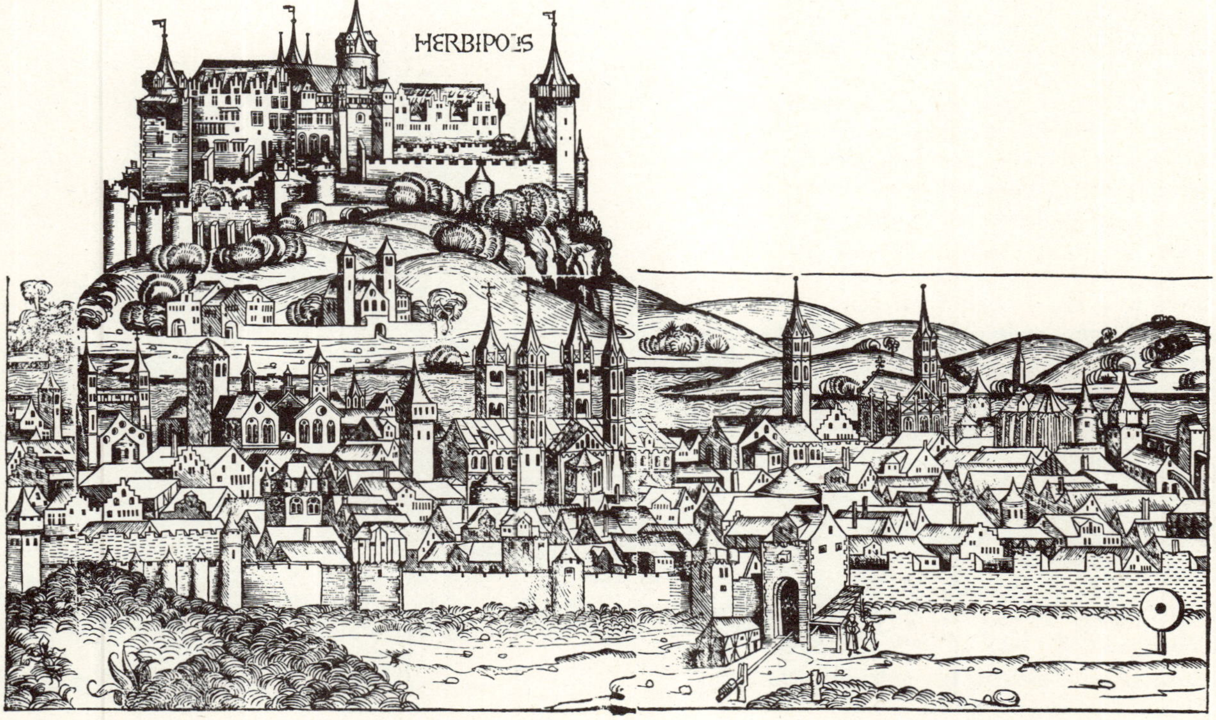

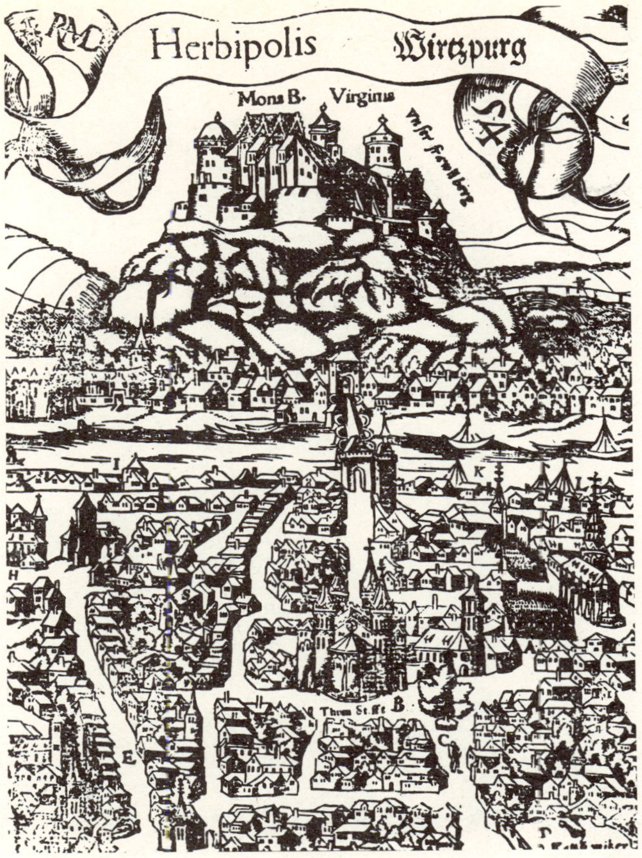

b) Ansicht Würzburgs aus der Cosmographie des Sebastian Münster, Basel 1544

c) Würzburg, moderner Stadtplan

Q 2.3 *Regensburg, Stadtkern-Grundkarte aus dem Sanierungsgutachten*

1 Rathaus mit Reichssaal
2 Steinerne Brücke
3 Holzländestraße
4 Am Weinmarkt
5 St. Oswald
6 Donaumarkt
7 Porta Praetoria
8 Bischofshof
9 Niedermünster
10 St. Ulrich
11 Dom
12 Stadttheater
13 Herzogshof
14 Schottenkloster St. Jakob
15 Dreieinigkeitskirche
16 Neupfarrkirche
17 Minoritenkirche
18 Dominikanerkirche
19 Obermünster
20 Klosterkirche St. Emmeram
21 Schloß Thurn und Taxis
22 Wohntürme
23 Goldener Turm
24 Baumburger Turm

Q 2.4 *Burghausen/Salzach, historische Karte*

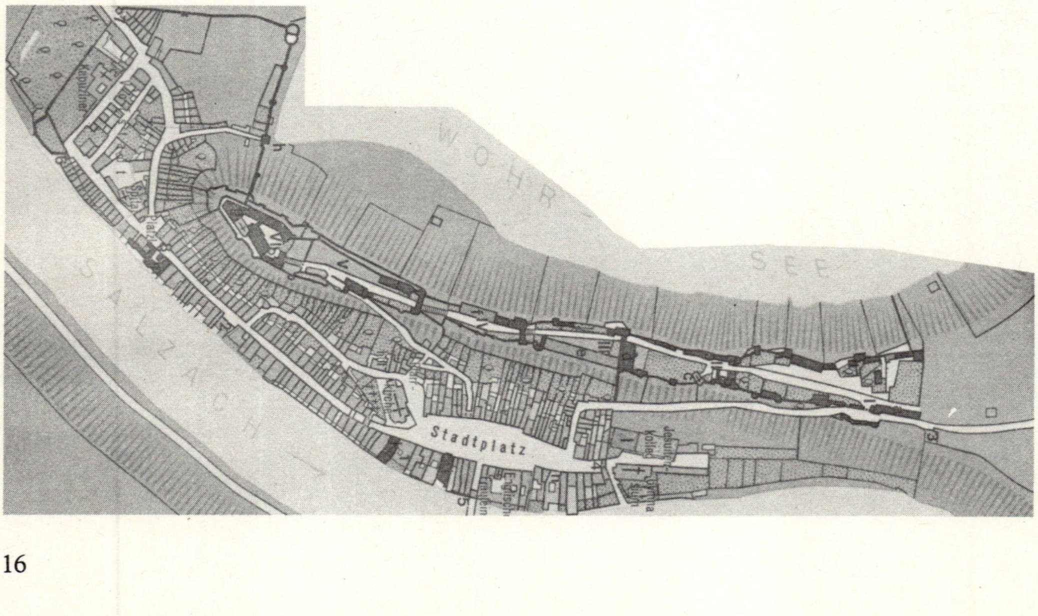

Q 2.5 *Nördlingen, moderner Stadtplan*

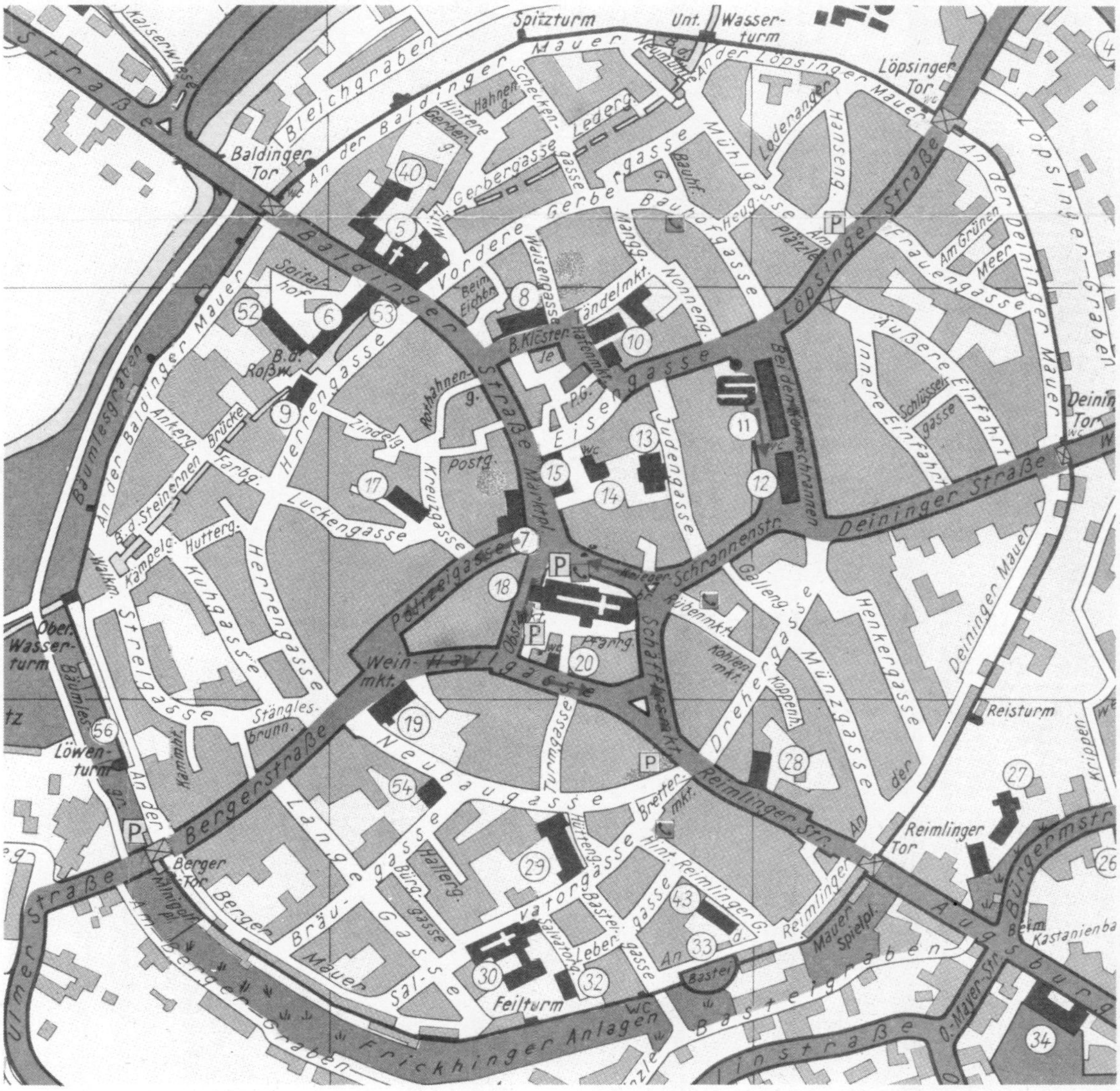

Q 2.6 *Lauf/Pegnitz, Katasterplan*

Q 2.7 *Bern, Stadtansicht von Matthäus Merian (um 1644)*

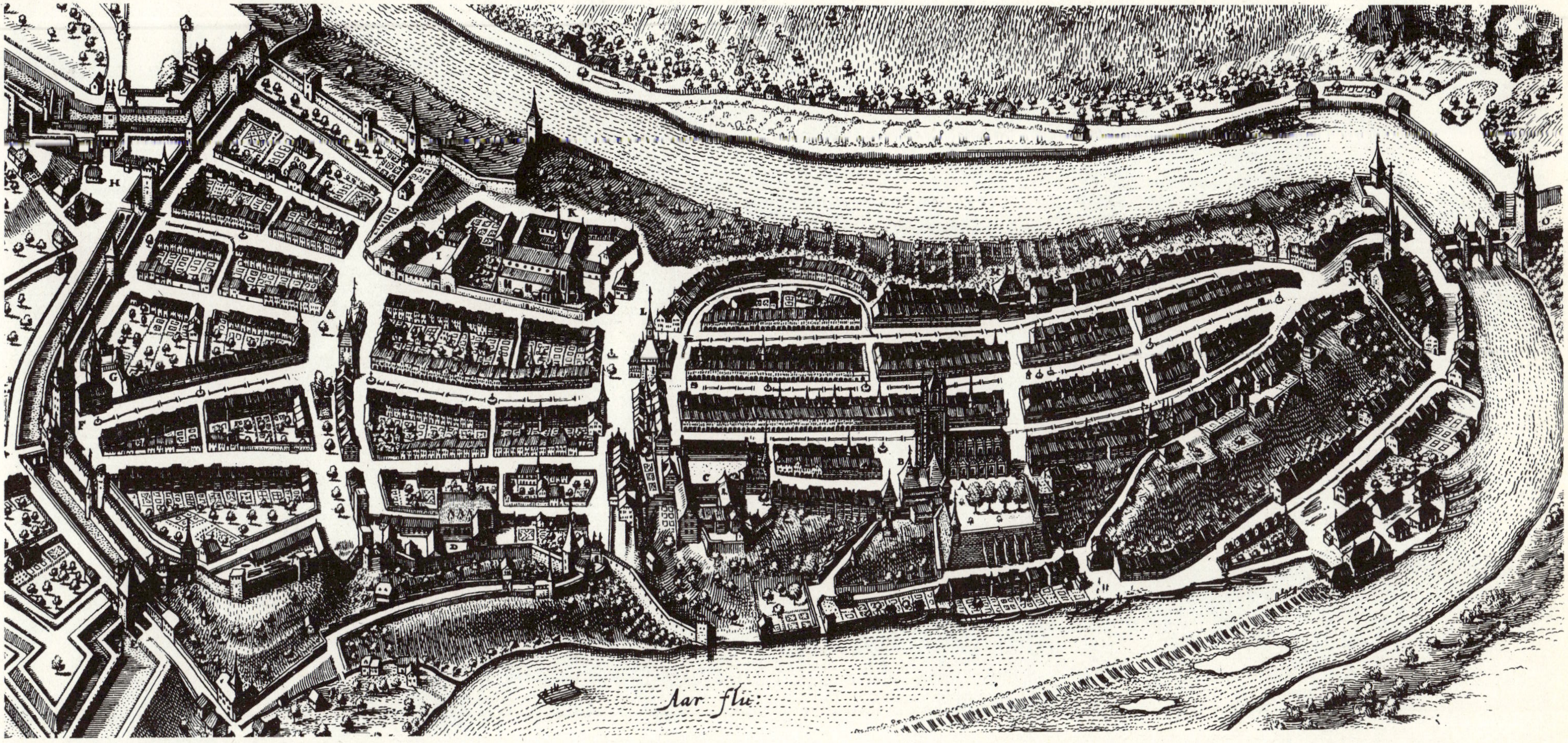

Arbeitsauftrag zu Q 2.1 bis Q 2.7:

Welche verschiedenen Möglichkeiten der bildlichen Stadtdarstellung werden verwendet?

Worin liegen jeweils Vorzüge und Nachteile?

Untersuchen Sie am Beispiel eines der abgebildeten Orte: Straßennetz, Plätze, Stadtviertel und hervortretende Gebäude. Lassen sich Rückschlüsse auf die Funktionen ziehen?

Man unterscheidet zwischen „gewachsenen" Städten und „Plangründungen". Bestimmen Sie danach das vorliegende Material und weitere Stadtgrundrisse in historischen und geographischen Atlanten!

3. Stadtgründung und Stadtfreiheit

Q 3.1 *Die Gründung eines Marktes: Das Allensbacher Marktprivileg (1075)*

Bei der Entstehung des mittelalterlichen Städtewesens waren die Bedürfnisse des Handels geradezu entscheidend. In Hinblick auf den örtlich fixierten ökonomischen Austausch stellten die Märkte die wichtigste Vor- und Durchgangsstufe auf dem Weg zur voll entwickelten „civitas" dar. Viel Beachtung fand in der Forschung als Beispiel einer solchen Marktgründung das Marktprivileg für Allensbach, obwohl die Erhebung dieses kleinen Ortes am Bodensee (Untersee) zum Markt wenig erfolggesegnet war.

„Ekkehard von Gottes Gnaden Abt der Reichenau. Es sollen alle wissen . . ., daß man vor uns eine Urkunde Kaiser Ottos III. brachte, in welcher geschrieben ist, daß dieser gnädige Kaiser Abt Alawich von Reichenau und seinen Nachfolgern das Recht und die Vollmacht einräumte, was sie für ihr Kloster für nutzbringend erachteten, in dem Dorf Allensbach zu bewerkstelligen, und auch daselbst an jedem fünften Wochentag einen Markt einzurichten mit einer Münzstätte, . . . so daß besagte Münzstätte mit dem Marktrecht und der Gerichtsbarkeit stets unter der Herrschaft des Klosters und seiner Äbte bestehen möge. Diese sollen dort in königlichem Auftrag die Befehlsgewalt wahrnehmen, jeglicher Widerspruch soll ausgeschlossen sein. Und mit kaiserlicher Machtvollkommenheit wurde weiter festgesetzt: Wer auch immer von irgendwoher zu besagtem Markt kommen will, genieße auf der Reise Sicherheit und Frieden, möge seine Geschäfte tätigen, verkaufen und kaufen, und endlich mit Zusicherung des Friedens wieder heimreisen. . . .
Aber wir mußten feststellen, daß dieses kaiserliche Gnadengeschenk an unser Kloster durch Unachtsamkeit und Nachlässigkeit unserer Vorgänger zunichte gemacht wurde. Deshalb haben wir nach Rat unseres Vogtes und unserer Getreuen für Besserung Sorge getragen. Wir haben allen Bewohnern dieses Ortes das Recht gegeben, in Zukunft Handel zu treiben, so daß sie und ihre Nachkommen hinfort Kaufleute sein sollen, mit Ausnahme jener [klösterlichen Eigenleute], die ausschließlich im [klösterlichen] Weinberg und Ackerbau tätig sind. Jene [neuen] Kaufleute sollen untereinander und gegenüber anderen gemäß jenem Recht verfahren, welches seit altersher den Kaufleuten von Konstanz, Basel oder anderen Kaufleuten zugebilligt wird. Nichts sollen Abt und Vogt von ihnen verlangen, als was bekanntermaßen Bischöfe und Vögte genannter Städte von ihren Kaufleuten zu verlangen pflegen. Wir setzen jedoch fest, daß dreimal im Jahr durch vierzehn Tage die Kaufleute Wein und andere Güter [nämlich landwirtschaftliche Produkte] nicht verkaufen dürfen, bevor die Waren des Abtes verkauft worden sind. Wenn man einen findet, der diese Bestimmung verletzt, soll er die volle kaiserliche Strafsumme zahlen. Gleichfalls sollen diejenigen gemäß der kaiserlichen Anordnung Buße zahlen, die innerhalb der Gemarkungsgrenzen Diebstahl, Raub, Gewalttat, Körperverletzung, Nötigung, schwere Körperverletzung begehen. . . ." [Bekräftigungsformel, Zeugen]

A. Schulte in: Zeitschrift f. Gesch. des Oberrheins N.F. 5

Arbeitsauftrag:

Wer besaß das Recht, Märkte zu gründen?

Welche Aufgaben hat ein Markt zu erfüllen?

Durch welche weiteren Rechte wird das Marktrecht ergänzt, warum?

Was wird an der Verkaufsbeschränkung sichtbar?

Q 3.2 *Die Plangründung einer Kaufmannsstadt: Das Gründungsprivileg für Freiburg i. B.*

Die berühmteste Gründungsurkunde einer deutschen Stadt ist nicht in der Originalform erhalten; sie muß aus jüngeren Ableitungen rekonstruiert werden. Das Ursprungs-Dokument wurde später durch eine Reihe von Zusätzen zu einem Stadtrecht erweitert, dessen verschiedene Fassungen für eine Reihe von Städten im Südwesten vorbildlich wurden.

„Bekannt sei allen jetzt lebenden und zukünftigen Menschen, daß ich, Konrad, in einem Ort, der mir nach Eigenrecht gehört, nämlich in Freiburg, im Jahre der Fleischwerdung des Herrn 1120 einen Markt gegründet habe. Nachdem dazu aus anderen Orten Kaufleute benannt und hierher eingeladen worden waren, habe ich nach Bildung einer Schwurgemeinschaft den Marktort beginnen und ausbauen lassen. Dabei habe ich jedem einzelnen Kaufmann eine Hofstelle an dem gegründeten Markt zugeteilt, um darauf Häuser zu Eigenbesitz zu errichten. Und ich habe festgelegt, daß mir und meinen Nachkommen von jeder solchen Hofstelle jährlich ein Schilling öffentlicher Münze als Zins am Fest des hl. Martin entrichtet werden soll. (Die einzelnen Hofstellen für die Häuser sollen in der Länge 100 Fuß, in der Breite 50 Fuß groß sein.) [a] Auch sei allgemein bekannt, daß ich gemäß ihrer Bitte und ihren Wünschen die folgenden Privilegien zugestanden habe. Und es schien mir einleuchtend, wenn dies in Gestalt einer Urkunde niedergeschrieben würde, damit es für lange Zeit unvergessen bleibt, so daß meinen Kaufleuten und ihren Nachkommen dieses Privileg von mir und meinen Nachkommen in Ewigkeit eingehalten werden wird.

1. Ich verspreche aber allen, die meinen Markt besuchen wollen, innerhalb meines Machtbereichs Frieden und Sicherheit. Wenn aber einer von ihnen innerhalb dieses Raumes beraubt werden sollte, so werde ich, wenn er den Räuber kennzeichnen kann, ihm entweder zur Rückgabe des Weggenommenen verhelfen oder den Wert ersetzen.
2. Wenn einer meiner Bürger stirbt, soll seine Frau mit seinen Kindern die gesamte Habe erhalten und ohne einschränkende Bedingung besitzen, was der Mann hinterließ.
3. Allen am Marktort Begüterten gestehe ich zu, daß sie insofern der Rechte meiner Landleute teilhaftig werden sollen, daß auch sie – soweit ich dies herbeiführen kann – unter Befreiung von öffentlichen Verboten Weide, Wasser und Wald [als Allmende] nutzen dürfen.
4. Allen Kaufleuten erlasse ich den [Markt-]Zoll.

5. Niemals werde ich meinen Bürgern einen Vogt, niemals einen Geistlichen ohne ihre Wahl vorsetzen, sondern wen auch immer sie dazu erwählen, den sollen sie mit meiner Zustimmung haben.

6. Wenn sich ein Streit zwischen meinen Bürgern erhebt, soll er nicht nach meinem Ermessen oder dem ihres ‚Rektors' verhandelt werden, sondern man verfahre gerichtlich nach allgemeinem, gesetzlichem Kaufmannsrecht, namentlich dem in Köln üblichen.

7. Wenn einer durch Mangel an allem Lebensnotwendigen in eine Zwangslage kommt, darf er seinen Besitz verkaufen, wem immer er will. Aber der Käufer soll von der Hofstätte den festgelegten Zins entrichten.

Damit aber meine Bürger den obengenannten Versprechungen Glauben schenken, habe ich alles Gesagte mit zwölf meiner namhaftesten Ministerialen über den Reliquien beschworen, daß ich und meine Nachkommen es einhalten werden. Und daß ich diesen Eid nicht wegen einer Notlage brechen werde, dem zu Zeichen habe ich meine rechte Hand dem freien Mann NN und den Marktgeschworenen unverbrüchlich gegeben. Amen."

W. Schlesinger, Das älteste Freiburger Stadtrecht, in: ZRG germ. Abt. 83 (1966) S. 96ff. unter Vergleich mit B. Diestelkamp Nr. 55
a) Der eingeklammerte Satz steht nach Schlesinger vermutlich nicht in der ursprünglichen Fassung. Doch ist diese Annahme aus inhaltlichen Gründen nicht ganz sicher.

Erläuterung:
Der Stadtgründer gehörte dem Haus der Herzöge von Zähringen an. Die chronikalische Überlieferung und einige Textfassungen nennen statt Konrad von Zähringen den Herzog Berthold, wohl dessen Bruder. Die Zähringer starben 1218 aus. Die Stadt kam zunächst an die Grafen von Urach als deren Erben, im 14. Jahrhundert an die Habsburger. – Jüngere Textfassungen setzen in § 5 anstelle des Vogtes den Schultheiß.

Arbeitsauftrag:

Wie vollzieht sich der Gründungsvorgang?
Was ist das Interesse des Landesherrn an der Neugründung, was das der Neubürger?
Kennen Sie Beispiele für derartige planmäßig gleiche Abmessungen von Hofstellen (Hausfassaden) aus mittelalterlichen Gründungsstädten oder planmäßig angelegten Straßenzügen?
Inwiefern wird der Rechtsstand der Bürger verbessert?
Inwiefern werden hier einige Grundprinzipien des modernen bürgerlichen Lebens verbrieft?

Q 3.3 *Die Gründung Lübecks nach Helmold von Bosau*

Die Gründung Lübecks kann nach Hergang und Auswirkungen als ein epochales Geschehen bezeichnet werden. Der Platz wuchs zum größten Ort und wichtigsten Handelszentrum im ganzen Ostseegebiet heran; er wurde entscheidend für die Bildung der Hanse. Über die Gründung berichtete der holsteinische Landpfarrer Helmold von Bosau in seiner „Slawen-Chronik" als Zeitgenosse.

Kap. 57. „Die Erbauung der Stadt Lübeck."
[Als Graf Adolf von Holstein aus dem Haus der Schauenburger sich um 1143 mit der welfischen Herzogsmacht über die Abgrenzung der Interessensphären zwischen Nord- und Ostsee verständigt hatte, erbaute er zunächst die Burg Segeberg. Das Land war stark entvölkert.]

„Da nun das Land verlassen war, schickte er Boten in alle Lande, nämlich nach Flandern, Holland, Utrecht, Westfalen und Friesland, daß jeder, der zu wenig Ackerboden hätte, mit seiner Familie kommen sollte, um das schönste, geräumigste, fruchtbarste, an Fisch und Wild überreiche Land nebst günstigen Weidegründen zu erhalten .... Daraufhin brach eine zahllose Menge aus den verschiedenen Stämmen auf, nahm Familie und Habe mit und kam zu Graf Adolf nach Wagrien, um das versprochene Land in Besitz zu nehmen. ... Danach kam Graf Adolf an einen Ort namens Bukow und fand dort den Wall einer verlassenen Burg, die [der Slawenfürst] Kruto, der Feind Gottes, erbaut hatte, und eine sehr große, von zwei Flüssen umgebene Halbinsel. An der einen Seite floß die Trave, an der andern die Wakenitz, beide mit sumpfigem, unwegsamem Ufer. Dort aber, wo das Land wegfest war, liegt ein schmaler Hügel, der dem Burgwall vorgelagert ist. Da nun der umsichtige Mann sah, wie passend die Lage und wie trefflich der Hafen war, begann er dort eine Stadt zu bauen und nannte sie Lübeck, weil sie von dem alten Hafen und Hauptort, den einst Fürst Heinrich angelegt hatte, nicht weit entfernt war. ... So bevölkerten sich die Einöden Wagriens; die Menschen nahmen zu ..."

Kap. 86. „Über die Erbauung der Löwenstadt."
„Um jene Zeit (1157) wurde die Stadt Lübeck von einer Feuersbrunst verzehrt, und die Kaufleute und die übrigen Einwohner schickten zum Herzog [Heinrich dem Löwen] und ließen sagen: ‚Lange ist es schon her, daß der Markt zu Lübeck nach eurem Befehl nicht besucht werden darf. Wir sind zwar bislang in der Stadt geblieben, da wir hofften, den Markt durch euer gnädiges Wohlwollen wieder eröffnet zu erhalten, und uns nicht entschließen konnten, unsere mit großen Kosten errichteten Gebäude zu verlassen; nachdem aber nun unsere Häuser verbrannt sind, scheint es sinnlos, einen Ort wieder aufzubauen, wo kein Markt sein darf. Gib uns also Raum für die Gründung einer Stadt an einem Ort, der dir genehm ist.' Daraufhin bat der Herzog den Grafen Adolf, ihm Hafen und Halbinsel Lübeck abzutreten. Der wollte das nicht tun. Da gründete der Herzog eine neue Stadt jenseits der Wakenitz, nicht weit von Lübeck, im Lande Ratzeburg, und begann sie zu erbauen und zu befestigen. Und er nannte sie nach seinem Beinamen ‚Löwenstadt', also die Stadt des Löwen.
Weil aber dieser Platz sowohl für einen Hafen wie für eine Festung wenig günstig und nur mit kleinen Schiffen erreichbar war, nahm der Herzog die Verhandlungen mit Graf Adolf über Halbinsel und Hafen von Lübeck nochmals auf und versprach viel dafür, falls dieser nachgeben würde. Endlich wurde der Graf umgestimmt, weil die Not ihn dazu zwang, und er trat jenem Burg und Halbinsel ab. Alsbald kehrten auf den Befehl des Herzogs die Kaufleute freudig zurück, verließen die ungünstige Stelle und begannen, Kirchen und Mauern der Stadt aufzubauen. Der Herzog aber sandte Boten in die Hauptorte und Reiche des Nordens, Dänemark, Schweden, Norwegen und Rußland, und bot ihnen Frieden, damit sie Zugang zu freiem Handel in seiner Stadt Lübeck haben sollten. Er verbriefte Lübeck auch eine Münzstätte, einen Zoll und höchst ansehnliche Stadtfreiheiten. Seit dieser Zeit gedieh das Leben in der Stadt, und die Zahl ihrer Bewohner vervielfältigte sich bald."

Helmold von Bosau, Slawenchronik, neu übertragen von H. Stoob, Freiherr-vom-Stein-Gedächtnisausgabe, Band 19, S. 211 f. und 303 f. (1963 – Übersetzung durchgesehen).

Arbeitsauftrag:

Wie geht der Gründungsvorgang vor sich?

Welche Interessen verfolgen die Beteiligten jeweils?

Was waren die Voraussetzungen für die Gründung sowie für das Gedeihen der Stadt?

Q 3.4 *Die Gründung von München*

Nicht immer steht am Anfang planmäßiger Städtegründung das einmütig-friedliche Zusammenwirken von fürstlichem Willen und fernhändlerischer Unternehmerinitiative. Ein Gegenbeispiel ist München, das seinen Ursprung herzoglicher Gewalttat verdankt. Nur in zwei Urkunden Barbarossas – die erste vor, die zweite nach dem Sturz Heinrichs des Löwen ausgestellt – werden die näheren Umstände mitgeteilt.

a) Friedrich I. führt im Juni 1158 einen Vergleich zwischen Heinrich dem Löwen und Bischof Otto von Freising betreffs des Streites um Föhring und München herbei.

„... Wir haben uns bemüht, in Gegenwart der Fürsten den Streit zu schlichten, der zwischen dir, lieber Oheim, derzeit Bischof von Freising, und unserem hochedlen Blutsverwandten Herzog Heinrich von Bayern und Sachsen bezüglich des Marktes von Föhring und München gegenwärtig herrscht, damit in Zukunft der Anlaß zu solchem Hader ausgeräumt sein dürfte. Der Inhalt der mit beidseitiger Zustimmung getroffenen Übereinkunft aber soll jetzt und in Zukunft sein: Der bisherige Markt in Föhring mit Brückenzoll und Münzstätte soll fortan nicht weiterexistieren. Zur Wiedergutmachung verzichtet dafür Herzog Heinrich zugunsten der Kirche von Freising auf den dritten Teil aller Einkünfte, die er aus dem Marktzoll in München, aus der dortigen Salzabgabe oder aus der Verkaufs- und Durchgangssteuer aller Waren – der großen wie der geringen – von denen erhebt, die dorthin reisen oder von dort wegreisen. Jeder von euch wird dort nach Belieben seinen eigenen Zollaufseher einsetzen oder – wenn es sinnvoll scheint – beide zusammen einen gemeinsamen, der jedem von euch Rechenschaft abzulegen hat. Bezüglich der Münzstätte soll es entsprechend gehalten werden: ein Drittel der Einkünfte stehen der Kirche von Freising fortan zu, zwei Drittel dem Herzog. So ist es auch von Seiten des Herzogs gelobt worden. ...“

b) Friedrich I. widerruft im Juli 1180 die ehedem getroffene Vereinbarung über Föhring und München (Q 3.4a) zugunsten des Bischofs Albert von Freising.

„... Unser lieber Bischof Albert von Freising kam vor unsere Majestät mit der geziemend vorgebrachten Klage, daß der edle Heinrich von Braunschweig, vormals Herzog von Bayern und Sachsen, den Markt in Föhring zusammen mit der dortigen Brücke einst zerstört hat, den die Kirche von Freising seit unvordenklichen Zeiten dort besaß. ... Die Sache wurde im Hofgericht von den Fürsten erörtert und dahingehend entschieden, daß die kaiserliche Autorität Heinrichs frevlerischen Handel zunichte machen solle. Deshalb widerrufen wir – dem Urteil folgend – die Verlegung des Marktes und geben jenen Markt mit der Brücke unserem erwähnten getreuen Bischof von Freising und seinen Nachfolgern zurück und bestätigen ihnen den Besitz auf ewige Zeit ...“

a) Mon. Germ. hist., Diplomata Friderici I, vol. 1 nr. 218; b) Mon. Boica 29 nr. 535

Erläuterung:
München wurde 1180 nicht zerstört, der Markt in Föhring offenbar nicht wiederhergestellt. Das Privileg von 1158 wurde weiter beachtet; bis 1803 erhielt das Hochstift Freising jährlich eine pauschalisierte Summe als „Rekognition für die Verlegung der Brücke“. Erst 1852 wurde das alte Recht des Bischofs durch eine einmalige Zahlung endgültig abgelöst!

Arbeitsauftrag:

Vergleichen Sie die Gründung Münchens mit der Freiburgs und Lübecks!

Man hat in der Stadtgeschichtsforschung als Alternativen einander gegenübergestellt:

Gründung durch ein kaufmännisches Unternehmerkonsortium (F. Rörig) einerseits, Gründung durch landesherrliche Initiative andererseits. Was sagt dieser Text darüber?

Q 3.5 *Kölner Unruhen vom April 1074*

In Deutschland kam es in den rheinischen Bischofsstädten zu den ersten städtischen Befreiungsbewegungen. Der Mönch Lambert von Hersfeld berichtet über die gescheiterten Kölner Unruhen vom April 1074:

„Damals ereignete sich in Köln ein Vorfall, der des Mitgefühls und der Tränen der Guten wert ist. Man weiß nicht, ob er durch die Haltlosigkeit der Masse verursacht wurde oder durch die Machenschaften jener, die an dem Erzbischof Rache wegen des Königs (Heinrichs IV.) nehmen wollten. Am wahrscheinlichsten ist folgende Vermutung: Die Wormser hatten sich einen großen Namen dadurch gemacht, daß sie dem König im Unglück die Treue wahrten und den Bischof aus ihrer Stadt vertrieben. Diesem bösen Beispiel eiferten die Kölner nach und wollten gleichfalls dem König einen Gefallen tun. Zur Ausführung des ruchlosen Vorsatzes bot sich günstige Gelegenheit. Der Erzbischof feierte die Ostern zu Köln; bei ihm war der Bischof von Münster, sein vertrauter Freund. Als die Feiertage vorüber waren und jener zurückreisen wollte, erhielten die Diener des Erzbischofs den Befehl, ein geeignetes Schiff zu beschlagnahmen. Nach eingehender Besichtigung entschieden sie sich für eines, das einem sehr reichen Kaufmann gehörte und dafür trefflich geeignet schien. Sie ließen die geladenen Waren herausschaffen und befahlen, es für den Erzbischof herzurichten. Als die wachehaltenden Knechte das verweigerten, drohten jene mit Gewalt, wenn ihre Befehle nicht ausgeführt würden. Darauf rannten die Knechte zum Schiffseigner, meldeten alles und fragten, was geschehen sollte. Dieser hatte einen erwachsenen Sohn, der sich durch Kühnheit und Stärke auszeichnete und in der Stadt sehr beliebt war. Der lief mit ... vielen jungen Leuten aus der Stadt eilends zum Schiff und verjagte die Diener des Erzbischofs gewaltsam. Darauf rückte der Stadtvogt heran. Ein neues Handgemenge entstand; auch jener wurde abgewehrt und davongejagt. Man meldete dem Erzbischof, daß in der Stadt Aufruhr herrsche. Dieser schickte Leute, das Volk zu beschwichtigen, drohte aber zugleich, die Aufrührer gerichtlich schwer zu züchtigen. ... Nur mit Mühe konnte man der Rauferei Einhalt gebieten. Aber trotzigen Wesens und aufsässig, hörte der junge Mann nicht auf, zum Aufruhr zu hetzen. Er zog in der Stadt herum und streute Reden aus über die Überheblichkeit und Strenge des Erzbischofs, der oft Widerrechtliches anordne, Unschuldigen ihre Habe wegnehme und die ehrenwertesten Bürger mit unverschämten Worten anfalle. Es fiel ihm nicht schwer, die Menschen aufzuhetzen; denn in den Genüssen des Stadtlebens aufgewachsen, waren sie gewohnt, leichtfertig beim Warenverkauf und bei Wein und Schmaus über Militärisches zu schwätzen. ... Dazu erinnerten sie sich der vielbesprochenen Tat der Wormser, die ihren Bischof, als er sich übermütig benahm, aus der Stadt gejagt hatten. Und da sie jenen an Zahl, Geld und Waffen überlegen waren, hielten sie es für eine Kränkung, für weniger mutig gehalten zu werden. Die Vornehmen schmiedeten läppische Pläne, das Volk tobte umsturzlüstern und rief, von teuflischer Raserei hingerissen, die Stadt zu den Waffen. Schon einigte man sich, den Erzbischof nicht nur wie in Worms aus der Stadt zu jagen, sondern abzuschlachten. ... Als am späten Nachmittag zu der Wut noch die Trunkenheit hinzukam, stürmten sie aus allen Teilen der Stadt zum erzbischöflichen Palast, und während jener mit dem Bischof von Münster speiste, griffen sie an, schleuderten Geschosse, warfen Steine, töteten einige Diener und verjagten die übrigen. ... Der Erzbischof konnte nur mit Mühe aus dem feindlichen Haufen herausgehauen und in den Dom gebracht werden, dessen Türen man durch Riegel, Querbalken und große Blöcke sicherte.

[Der Erzbischof kann fliehen. Die Aufständischen laden den König ein; doch das Landvolk nimmt Partei für den Erzbischof; er kann ein Heer sammeln.]

So rückte der Erzbischof am vierten Tag nach seiner Flucht mit einem stattlichen Haufen vor die Stadt. Als die Kölner das sahen, begann ihre Wut zu verrauchen, ihre Trunkenheit zu verfliegen; eingeschüchtert sandten sie Boten und erklärten sich zu jeder Buße bereit, wenn nur ihr Leben geschont würde.

[Der Erzbischof geht darauf ein; anderntags zieht er mit verringerten Truppen in Köln ein.]

In dieser Nacht flohen mehr als 600 der wohlhabenden Handelsherren aus der Stadt und begaben sich zum König. Der Erzbischof wartete drei volle Tage auf das Erscheinen der übrigen, damit sie ihm Genugtuung leisteten, aber sie kamen nicht. Diese Mißachtung ertrugen seine Leute nicht. Sie griffen nach den Waffen, drangen ohne Wissen des Erzbischofs in die Häuser, plünderten die Habe, hieben Widerstrebende zusammen oder nahmen sie gefangen und übten ein Werk strenger Rache. Der erwähnte Kaufmannssohn, der das Volk zum Aufstand entflammt hatte, und einige andere wurden geblendet, andere gestäupt [ausgepeitscht] und geschoren, alle mit schwerer Vermögensbuße gestraft. Sie mußten schwören, in Zukunft nach bestem Wissen und Können die Stadt für den Erzbischof zu verteidigen und die geflohenen Bürger als ihre Feinde anzusehen, bis auch diese Genugtuung geleistet hätten. So verödete die Stadt, vor kurzem noch die volkreichste und nächst Mainz der Vorort aller westlichen Städte, fast über Nacht. Wo bisher die Straße die dichten Scharen der Fußgänger kaum fassen konnte, zeigt sich kaum noch ein Mensch, und schauriges Schweigen herrscht an den einstigen Stätten von Lust und Genuß."

Lambert von Hersfeld, Annalen, neu übersetzt von A. Schmidt, Freiherr-vom-Stein-Gedächtnisausgabe 13 S. 237 ff. (1962 – gekürzt und stellenweise überarbeitet)

Arbeitsauftrag:

Was war der Anlaß zu der Revolte?
Wer waren die wichtigsten Träger?
Welche Bedeutung spielte dabei der Wormser Aufstand kurz zuvor?
Warum scheiterte die Revolte?
Auf welcher Seite steht der Autor?
Begründung!

Q 3.6 *a) Aus dem ältesten Straßburger Stadtrecht*

Häufig entstanden Stadtrechte aus königlichen oder stadtherrlichen Privilegien, die man nach Bedarf und bei jeweiligem Anlaß erweiterte und ergänzte. Stadtrechte sind daher zumeist nicht auf ein bestimmtes Datum festzulegen, weil man sie immer wieder dem aktuellen politischen, sozialen und rechtlichen Zustand anpaßte. Darum wirken sie in der Folge der Einzelbestimmungen oft wirr und ungeordnet. Ein frühes Beispiel ist das älteste Straßburger Stadtrecht; es entstammt dem letzten Drittel des 12. Jahrhunderts.

§ 1. „In der Weise anderer Städte ist auch Straßburg zu dem Behuf gegründet worden, daß jeder Mensch – er sei ein Auswärtiger oder ein Eingeborener – darin zu allen Zeiten und gegenüber allen Menschen Frieden genieße.

§ 2. Wenn sich einer außerhalb eines Übergriffs schuldig macht und aus Furcht vor Strafe nach Straßburg flieht, soll er dort Sicherheit genießen. Niemand darf (in persönlicher Rache) gewaltsam Hand an ihn legen; doch er muß sich selbst gehorsam dem Gericht stellen (wenn es zu einer Klage gegen ihn kommt). ...

§ 5. Alle Beamten dieser Stadt sind der Macht des Bischofs untertan, so daß er sie entweder selbst einsetzt oder durch diejenigen, die er dazu bestimmt. ...

§ 7. Die vier Beamten, aus denen das Stadtregiment besteht, werden durch seine Hand mit ihrem Amt bekleidet, nämlich der Schultheiß, der Burggraf, der Oberzolleinnehmer und der Münzmeister. ...

§ 13. In der Stadt hat niemand das Recht, Gericht abzuhalten, als der Kaiser und der Bischof oder jene, welche die Befugnis von letzterem erhalten. ...

§ 44. Zu den Aufgaben des Burggrafen gehört es, in den meisten Gewerben, die in der Stadt vorhanden sind, die Meister zu bestellen, nämlich bei den Sattelmachern, den Kürschnern, den Handschuhmachern, den Schustern, den Schmieden, den Müllern, bei denen, die Weinfässer machen, und denen, die Weinpokale herstellen, bei den Schwertfegern, Obsthändlern und Schankwirten. Über die übt er die Gerichtsbarkeit, wenn sie ihr Gewerbe nachlässig verrichten. ...

§ 86. Niemand darf in der Stadt Schweine halten, wenn er sie nicht dem städtischen Schweinehirten zum Hüten anvertraut ...

§ 101. Wenn von den Ochsen (des bischöflichen Wirtschaftshofes) einer oder zwei oder auch mehr des Alters wegen oder aus einem anderen Grund – ausgenommen Viehseuche – für die Feldarbeit unnütz werden, müssen die Metzger deren Fleisch verkaufen und den Erlös dem Stadtrichter geben. Solange darf in der Stadt kein anderes Fleisch verkauft werden. ..."

F. Keutgen Nr. 127 aus W. Wiegand, UB der Stadt Straßburg 1, S. 467 ff. (1879)

Arbeitsauftrag:

Inwiefern bildeten § 1 und 2 eine Veränderung gegenüber der älteren öffentlichen Ordnung?
Inwiefern entsprechen sie einem Grundprinzip unserer öffentlichen Ordnung?
Was bezwecken § 86 und § 101?

b) Aus dem zweiten Straßburger Stadtrecht (nach 1214)

Nur wenige Jahrzehnte später entstand ein neues Stadtrecht, welches zum Vergleich herausfordert. Um 1262 wurde Straßburg reichsunmittelbare Stadt.

„Im Namen der heiligen und unteilbaren Dreifaltigkeit, amen. Allen, die jetzt oder in Zukunft an Christus glauben, sei bekannt, daß die Weiseren und Vornehmeren unter den Bürgern der Stadt Straßburg in gemeinsamer Liebe zur Gerechtigkeit wie in vernünftiger Überlegung darin übereinkamen, mit Zustimmung und Rat des Herrn Bischofs, des Vogtes und der Versammlung aller besseren Bürger dieser Stadt die folgenden Bestimmungen festzulegen und niederschreiben zu lassen:

§ 1. Es wurde beschlossen, daß zwölf oder notfalls auch mehr ehrenwerte und geeignete, kluge und erfahrene Personen sowohl aus den Reihen der bischöflichen Ministerialen wie auch aus den Reihen der Bürger jährlich zu städtischen Ratsherren (consules) bestellt werden sollen. Unter ihnen soll einer zum Bürgermeister (magister) erwählt werden, oder notfalls auch zwei. Alle sollen sie gemeinsam schwören, sich für das Wohlergehen und die Ehre der Kirche, des Bischofs und der Stadt getreulich einzusetzen, die Stadt und ihre Bürger – groß wie klein, reich so gut als arm – nach bestem Können und Wissen vor jedem Schaden zu schützen und recht zu richten.

§ 2. Sie werden jede Woche zweimal zu Gericht sitzen, nämlich am dritten und fünften Wochentag, wenn dies nicht wegen eines Kirchenfestes unterbleiben muß. Der Bürgermeister wird das Gericht leiten; die Ratsherren werden das Urteil sprechen. . . .

§ 4. Es ist verboten, daß ein Vater zusammen mit seinem Sohn oder zwei Brüder zugleich zu Ratsherren gewählt werden. . . .

§ 6. Die Ratsherren werden nicht gemäß dem Rechtsbrauch der Gegend urteilen, der „Landrecht“ heißt, sondern gemäß dem städtischen Recht und den Stadtstatuten. . . .

§ 42. Niemand darf in der Stadt im Panzerhemd oder in einer Rüstung herumlaufen. . . .

§ 52. Wer von unseren Mitbürgern in Kriegszeit ohne Erlaubnis unseres Bürgermeisters gerüstet in eine andere Stadt geht . . . und dort mit den Bürgern (als Soldat) ein- und auszieht, soll fünf Pfund geben und das Bürgerrecht verlieren. . . .

§ 54. Wenn zwischen unseren Bürgern Streit und Hader entsteht und der Bürgermeister mit den Ratsherren Frieden stiftet, wer dann gegen den Bürgermeister rebelliert und keinen Frieden halten will, verliert sein Amt, wenn er Ratsherr oder Schöffe ist. Jeder andere, der nicht Ratsherr oder Schöffe ist, gibt fünf Pfund Silber und bleibt ein Jahr lang aus der Stadt verbannt . . .“

F. Keutgen Nr. 128 aus W. Wiegand, UB der Stadt Straßburg 1, S. 477 ff. (1879)

Arbeitsauftrag:

Was besagt die Einleitung über das Zustandekommen der Quelle?
Wie entstehen die städtischen Organe?
Wieso nehmen bischöfliche Ministeriale an der Leitung der Gemeinde Anteil?
Was ist die erste Aufgabe des Rats (und jeder mittelalterlichen Behördeninstanz)?
Was bezwecken § 52 und 54?
Ziehen Sie Q 3.6a zum Vergleich heran. Was sind die Gründe für die Veränderung?

Q 3.7 *„Stadtluft macht frei“*

Der berühmte Satz stammt in dieser Form gar nicht aus dem Mittelalter, sondern wurde erst zu Beginn des 19. Jahrhunderts geprägt, und zwar allem Anschein nach von Jacob Grimm, der Sprache des älteren Rechts nachempfunden. Die damit gemeinte Bestimmung wurde im Mittelalter vielmehr sehr verschieden formuliert und praktiziert; hier eine kleine Auswahl:

a) Philipp von Elsaß, Graf von Flandern, erneuert 1190 das Gründungsprivileg seines Vorgängers Balduin VI. für Grammont (= Geeraardsbergen) von 1067–70. Aus der älteren Urkunde wird referiert: „Und in Anbetracht dessen, daß besagte Stadt (Grammont) an der Grenze von Flandern, Hennegau und Brabant gelegen und daher wenig einladend zur Niederlassung ist, wenn sie nicht durch ein ungewöhnliches Maß an Freiheit hervorsticht, hat mit Zustimmung der Barone Flanderns, Hennegaus und Brabants Graf Balduin den Leuten von Grammont folgende Freiheitsrechte zuerkannt, deren Beachtung auch die Barone beschworen, nämlich: Wenn irgendeiner in der Stadt Grammont eine Liegenschaft zu Erbe erwirbt, soll er persönlich frei sein, wenn er ansonsten nach dem Urteil der Schöffen das Stadtrecht beachtet.“

M. Martens, Elenchus fontium historiae urbanae 1, Histoire urbaine belge nr. 12, S. 301 (1967)

b) Heinrich der Löwe verlieh um 1160 dem neugegründeten Schwerin ein Stadtprivileg, dessen Wortlaut teilweise aus den mit Schweriner Recht ausgestatteten Orten rekonstruiert werden kann. Vermutlich hieß es hier: „Wenn irgendein Eigenmann in diese Stadt zieht, so wird er frei von seiner bisherigen Knechtschaft.“

H. Brunner, Luft macht frei, erstmals 1910, hier nach: H. Brunner, Abhandlungen zur Rechtsgeschichte 1, S. 374 mit Anm. 3 (1931)

c) Braunschweiger Rechtsaufzeichnung aus der ersten Hälfte des 13. Jahrhunderts („iura Indaginis“), vermutlich zurückgehend auf ein verlorenes Privileg Heinrichs des Löwen für die Braunschweiger „Hagenstadt“ (eine der 5 selbständigen Teilstädte des mittelalterlichen Braunschweig) von ca. 1160: „§ 9. Wer auch immer durch Jahr und Tag in dieser Stadt lebt, ohne daß seine Auslieferung beantragt wird, der soll fortan als ein freier Mann gelten.“

L. Hänselmann, UB der Stadt Braunschweig 1 Nr. 2 (1873); B. Diestelkamp, Elenchus Nr. 137 (1967)

d) Philipp von Elsaß, Graf von Flandern und Vermandois verbrieft den Einwohnern von Alost (= Aalst) 1174 ihre Rechte: „§ 1. Wenn aber einer aus fremden Gegenden herzieht und seinen Wohnsitz in besagten ‚burgus‘ verlegt, genieße er in jeder Weise dieselbe Freiheit wie die Ortsansässigen, und mit den Freien soll auch er frei sein.“

M. Martens, Elenchus (wie unter a), Nr. 40, S. 348

e) Erneuerung eines angeblichen Privilegs Karls des Großen für die Bürger Bremens durch Friedrich I. von 1186: „§ 2. Wenn irgendeiner – es sei ein Mann oder eine Frau – durch Jahr und Tag in der Stadt Bremen gemäß jenem Recht lebte, das man allgemein ‚Weichbildrecht' (= Stadtrecht) nennt, ohne von einem Dritten als Eigenmann für sich beansprucht zu werden, und wenn dann nach dieser Frist einer seine Freiheit bestreiten will, dann wird dem Kläger vor Gericht Schweigen auferlegt; dem Beklagten aber ist es gestattet, allein durch den Hinweis auf besagten Zeitraum seine Freiheit nachzuweisen."

Ehmck und v. Bippen, Bremisches Urkundenbuch 1 Nr. 65 (1873); Keutgen Nr. 25 a; B. Diestelkamp, Elenchus Nr. 92

f) Rechtsaufzeichnung über die Stadt Dieburg/Hessen aus dem Lehnsbuch des Werner von Bolanden von 1194–1198; der Passus könnte noch auf die Zeit der Stadtgründung um die Jahrhundertmitte zurückgehen: „Einer solchen Freiheit erfreut sich besagte Stadt, daß jeder Ankömmling, der dort durch Jahr und Tag gewohnt hat, ohne von einem Dritten als Eigenmann beansprucht zu werden, fortan keinem mehr diene denn allein den Herren jenes Platzes."

W. Sauer, Die ältesten Lehnsbücher der Herrschaft Bolanden S. 16 (1882); Keutgen Nr. 136

Arbeitsauftrag zu Q 3.7 a–f:

Formulieren Sie mit eigenen Worten den gemeinsamen Inhalt der Bestimmungen!

Arbeiten Sie die Unterschiede heraus!

Welche Rechtsverhältnisse herrschten demnach auf dem platten Land?

Q 3.8 *Die Aufnahme in die Bürgerschaft (Zwickau)*

Über die Aufnahme in die Bürgerschaft erfährt man im Zwickauer Stadtrechtsbuch aus der ersten Hälfte des 14. Jahrhunderts:

„Wie man ein neuer Bürger werden soll: Wer ein neuer Bürger werden will, der soll vor den Rat gehen und darum bitten, daß man ihn als Bürger aufnimmt. Berät dann der Rat und erfährt dabei, daß es sich um einen vernünftigen, tugendhaften Mann handelt, der sich ordentlich zu verhalten und recht zu handeln beabsichtigt, so nehmen ihn die Bürger in der Weise auf, daß er dem Rat einen Schock Groschen zahlt, dem Pfleger an unserer Lieben Frauen Kirche einen Groschen, dem an St. Katharinen und St. Nikolaus einen, den Schöffen zwei, dem Stadtschreiber einen, dem Stadtknecht und endlich dem Büttel je einen Groschen. Wenn das geschehen ist, nimmt ihm der Büttel den Eid ab, daß er ‚bereit sei, meinem Herrn NN und den Bürgern von Zwickau gegenüber, arm wie reich, in Treue und bei der Verteidigung zu dienen, und ihn als seinen wahren Herrn ansehe, so wahr ihm Gott helfe und alle Heiligen'. Danach soll er einen Bürgen stellen, der sich um eine Mark Silber verbürgt, daß er sich ein Jahr lang als ein rechter Einwohner erweist. Wenn er aber vor Ablauf dieses Jahres wieder wegzieht, ist die Mark dem Rat verfallen. Der Bürge soll ein eingesessener Bürger sein, an den man sich notfalls halten kann. . . . Den Tag, an welchem er Bürger wird, soll der Stadtschreiber in die Stadt-Tafel eintragen, damit man den Termin nicht vergißt. Wenn das Probejahr vorüber ist, soll der Mann mit seinem Bürgen vor den Rat gehen und beweisen, daß er das Bürgerrecht unangefochten und unanstößig ein Jahr lang besitzt. Wenn der Rat den Nachweis in der Tafel geschrieben findet, entläßt er ihn aus der Bürgschaft. Aber keinesfalls soll der Rat solche zu Bürgern machen, die ihren Ruf durch böse Händel beeinträchtigt haben . . . Wisse ferner, daß ein auswärtiger Mann das Bürgerrecht erwerben kann, wenn er in der Stadt ein Weib ehelicht, es sei eine Jungfrau oder eine Witwe. Wenn eine auswärtige Frau einen Bürger oder Bürgerssohn nimmt, bedarf sie dessen nicht, denn sie tritt [auch ohne zeitliche Frist und Geldzahlung] in das Recht dessen ein, mit dem sie das Bett teilt."

H. Planitz u. G. Ullrich, Das Zwickauer Rechtsbuch (1941); Quellen zur älteren Geschichte des Städtewesens in Mitteldeutschland 2, S. 135 f. (1949)

Erläuterung:
Stadtherr war der Markgraf von Meißen.

Arbeitsauftrag:

Welche verschiedenen Anforderungen werden an einen Neubürger gestellt? Warum?

Was sind die einzelnen Schritte bei der Aufnahme?

Welchem Zweck dient das Probejahr außer der Bewährung im Leben der Bürgerschaft? (Vgl. dazu „Stadtluft macht frei")

Was erfährt man über die Rechtsstellung der Frau in der mittelalterlichen Stadt?

Das Münchner Stadtsiegel von 1268. Über dem Mönch im Torbogen der Adler der Wittelsbacher. München besaß als herzoglich-bayerische Stadt wie Zwickau eine eingeschränkte Autonomie unter landesfürstlicher Oberhoheit, was im Stadtsiegel zum Ausdruck kommt. Umschrift: „Sigillum Civittatis Monacensis". (Der Löwe im Wappen Bayerns war ursprünglich das Zeichen der Welfen und verdrängte den wittelsbachischen Adler erst seit dem Ausgang des 13. Jahrhunderts. Gleichzeitig übernahmen die wittelsbachischen Herzöge die weiß-blauen Rauten von den Grafen von Bogen, die sie um 1242 beerbt hatten.)

Siegel der Bambergischen Kleinstadt Pottenstein (Oberfranken, 14. Jahrhundert). „Redendes Siegelbild“: ein Bote mit Wanderstab kniet auf einem Stein; er hält das Bamberger Hochstiftswappen in der Hand. Umschrift: „S[igillum] universitatis civium in Botenstein“.

Siegelstempel der Stadt Gelnhausen (vor 1248), mit den Stadtgründern Friedrich I. Barbarossa und Beatrix. Umschrift: „Sigillum sculteti et civium de Geilenhusen“.

Siegel der Stadt Lübeck (Mitte des 13. Jahrhunderts). Umschrift: „Sigillum burgensium de Lubeke“. Der Schwurgestus weist auf die „coniuratio“ der stadtgründenden Fernkaufleute hin. (Archiv der Hansestadt Lübeck)

Siegel der Reichsstadt Boppard/Rhein, 13. Jahrhundert. Umschrift: „Bopardia liberum et spetiale opidum Romani imperii“. Stadtansicht mit Mauer, Tor und Hauptkirche St. Severus.

4. Sozialstruktur und Bürgerkämpfe

Q 4.1 *Die älteste Liste Nürnberger Handwerksmeister von 1363*

Nach dem Scheitern des Handwerkeraufstandes von 1348/49 beseitigte der patrizische Rat in Nürnberg die Zunftorganisation. Er übernahm selbst die Gewerbeaufsicht und bestimmte fortan die Zahl der zugelassenen Handwerksmeister. Seit 1363 ließ er „Meisterbücher" führen. Das damals aufgestellte älteste Handwerkerverzeichnis ist nicht ganz vollständig. So fehlen an Berufsgruppen, die sieben Jahre später eigens aufgeführt werden, aber mit Sicherheit schon länger in Nürnberg ansässig waren, namentlich: Seidennäher, Pergamenthersteller, Drechsler, Leineweber, Maurer, Verputzer und Anstreicher. Die Liste von 1363 enthält:

Handwerk:	*Meisterzahl:*
1. Schneider	76
2. Mantelschneider	30
3. Plattner (Harnischmacher)	12
4. Eisenhandschuhmacher	21
5. Kettenhemdmacher	4
6. Nadelmacher u. Drahtzieher	22
7. Messingschmiede, Zinngießer	33
8. Faßmacher (Büttner, Böttcher)	34
9. Wagenmacher	20
10. Schreiner	10
11. Spengler (Flaschner)	15
12. Helmschmiede	6
13. Schlosser	24
14. Zaumzeug- u. Sporenmacher	19
15. Verfertiger eiserner Bänder	12
16. Nagelschmiede	6
17. Pfeil- u. Bolzenschmiede	17
18. Zirkelschmiede, Werkzeugmacher, Schleifer	9
19. Hufschmiede	22
20. Pfannenschmiede	5
21. Kesselschmiede	8
22. Schuster	81
23. Flickschuster	37
24. Goldschmiede	16
25. Geldwechsler, Münzmeister	17
26. Messermacher	17
27. Klingenschmiede	8
28. Kannengießer	14
29. Taschenmacher	22
30. Handschuhmacher	12
31. Müller	12
32. Bäcker	75
33. Schwertfeger	7
34. Kürschner	57
35. Glaser	11
36. Maler	6
37. Tuchwalker	28
38. Hut- und Putzmacher	20
39. Tuchweber	10
40. Sattelmacher	17
41. Fischer	20
42. Seildreher	10
43. Steinmetzen	9
44. Zimmerleute	16
45. Hafner (Steingutmacher)	11
46. Spiegel- u. Glasmacher ‚ante portam' und Rosenkranzhersteller	23
47. Weißgerber	35
48. Ledergerber	60
49. Metzger (Fleischhauer)	71
50. Färber	34

Die Chroniken der deutschen Städte 2, Nürnberg 2, Beilage IV, S. 507 (1864)

Arbeitsauftrag:

Welche Gewerbe produzierten für den örtlichen, welche für den überörtlichen Bedarf?

Welche Rohprodukte wurden verarbeitet? Woher kamen sie?

Welche Gewerbe waren an bestimmte Standorte gebunden?

Warum produzierten die Spiegel- und Glasmacher „ante portam" (vor dem Tor)?

Welche Energiequellen wurden benötigt?

In welche Großgruppen lassen sich die Gewerbe einteilen?

Was war demnach typisch für Nürnbergs Wirtschaft?

Q 4.2 *Städtische Zunftgesetzgebung: Ulmer Verordnung über den Zugang zur Weberzunft*

Die Handwerkszünfte waren berufliche Vereinigungen, die außer der Pflege der Geselligkeit und gemeinsamen Frömmigkeitsübungen das Ziel verfolgten, die Existenz des einzelnen Handwerkers wirtschaftlich abzusichern.

„Wir, Bürgermeister, großer und kleiner Rat der Stadt Ulm, setzen hiermit fest . . .:

1. Von heute an soll keiner unserer Bürger, der Handwerksmann und in der Stadt wohnhaft ist, in die Zunft [der Weber] eintreten; sie darf keinem ihr Zunftrecht verleihen.

2. Allen eingesessenen Bürgern und Bürgerinnen, die seit mindestens fünf Jahren hier wohnhaft sind, gestatten wir, daß ihre Kinder, falls sie die Weberei erlernen wollen, dies tun sollen; wenn sie die Lehre beendet haben, kann ihnen die Zunft – falls es sich um ortsansässige Bürgerkinder handelt – Zunftrecht verleihen.

3. Ferner haben wir festgesetzt: Wenn von heute an ein Auswärtiger aus einer fremden Stadt oder fremdem Land, der dieses Handwerk betreibt, hierherzieht und Bürgerrecht erhält, soll er erst nach Ablauf von fünf Jahren das Weberhandwerk ausüben und Mitglied ihrer Zunft werden dürfen. . . .

4. Hilfsarbeitern oder Gesellen im Weberhandwerk ohne Bürgerrecht hilft es nichts, wie lange sie hier schon ansässig sind und das Handwerk betreiben mögen; sie können Zunftrecht erst dann erhalten, wenn sie fünf Jahre lang Bürgerrecht besitzen.

5. Keiner von ihnen darf selbständig in Ulm tätig werden oder einen Webstuhl betreiben.

6. Wir haben auch festgesetzt, daß fremde Weber und Weberinnen, die keine Bürger sind, außerhalb der Stadt und im Umkreis einer halben Meile ihr Handwerk treiben und ihre Arbeiten herein zur Warenprobe bringen dürfen. Niemand kann ihnen das verbieten. Aber diese auswärtigen Weber dürfen kein Barchenttuch zur Warenprobe bringen, wenn es nicht [im Auftrag Ulmer Tuch-Verleger] mit solcher Baumwolle gewebt wurde, die zuvor in Ulm geprüft wurde. . . .
Gegeben am Sonntag vor Petri Stuhlfeier [18.2.] des Jahres 1403"

Keutgen, Quellensammlung Nr. 387

Arbeitsauftrag:

Durch welche Maßnahmen soll der einzelne Zunftgenosse wirtschaftlich gesichert werden?

Versuchen Sie die Betriebsform zu beschreiben, auf die § 6 abzielt.

Wer regelt heute die Fragen, die damals zum Aufgabenbereich der Zünfte gehörten?

Inwiefern unterscheidet sich diese Wirtschaftsordnung von der heutigen, der sozialen Marktwirtschaft?

Q 4.3 *Strukturvergleich von sechs Städten aufgrund des Steueraufkommens*

Wegen der Quellenlage, der Währungsvielfalt, der Verschiedenheit der Veranlagungsweise bereitet es Schwierigkeiten, eine tragfähige Grundlage für einen sozialen Strukturvergleich zu erarbeiten. Relativ günstig steht es noch für die Zeit um 1460. So soll trotz methodischer Bedenken versucht werden, Augsburg, Konstanz, Schwäbisch Hall, Heilbronn, Lübeck und Rostock einmal durch ein gemeinsames sozialgeschichtliches Grobraster zu betrachten.

Anteil der verschiedenen Gruppen der Steuerzahler am Gesamtsteueraufkommen (1460):

Stadt	*Es versteuerten:* über 500 fl.rh.	100–500 fl.rh.	bis 100 fl.rh.
Augsburg	8,5 %	5,0 %	86,5 %
Konstanz	15,0 %	24,0 %	61,0 %
Schwäbisch Hall	11,0 %	30,0 %	59,0 %
Heilbronn	10,0 %	24,0 %	66,0 %
Lübeck	22,3 %	38,3 %	39,4 %
Rostock	15,6 %	28,6 %	55,8 %

G. Wunder, Die Sozialstruktur der Reichsstadt Schwäbisch Hall im späten Mittelalter, u. A. v. Brandt, Die gesellschaftliche Struktur des spätmittelalterlichen Lübeck; beide in: Untersuchungen zur gesellschaftlichen Struktur der mittelalterlichen Städte in Europa, Vorträge und Forschungen 11 (1966)

Erläuterung:
Augsburg stieg als Fernhandelsplatz an wichtigen Straßen auf; es war ein hochbedeutender Finanzmarkt und Vorort der oberschwäbischen Tuchproduktion. Konstanz war ebenfalls als Handelsplatz von Wichtigkeit, wenngleich mit Augsburg nicht mehr schritthaltend; auch die Bodenseestadt war in der Tuchindustrie nicht unwichtig. Schwäbisch Hall, die berühmte staufische Münzstätte, war wirtschaftlich durch die Salzquellen ausgezeichnet. Von 111 Sudpfannen gehörten in der zweiten Hälfte des 15. Jahrhunderts 26 geistlichen Institutionen, 22 adligen Familien, 26 Mitgliedern des städtischen Rates, 30 anderen Besitzern aus der Bürgerschaft. Der Ort besaß ein einigermaßen ausgedehntes städtisches Territorium, ähnlich wie Heilbronn, das damals in vollem wirtschaftlichen Aufstieg begriffen war. Heilbronn war bekannt wegen seines Weinbaues und der Wassermühlen, welche den Neckar zum Betrieb von gewerblichen Anlagen ausnützten. Lübeck, die reichste Stadt in ganz Norddeutschland, vertrat den Typus einer „reinen Fernhandelsstadt"; das Gewerbe trat hier stark zurück; die Bevölkerung hatte überwiegend mit dem überörtlichen Warenumschlag zu tun. Bescheidener war der Lebenszuschnitt in der Hansestadt Rostock, die viel stärker auf agrarische Produktion ausgerichtet war. – Alle Geldangaben sind auf Grund der für 1460 bezeugten Relation : 1 Lübische Mark = 0,73 rheinische Gulden in rh. fl. umgerechnet.

Arbeitsauftrag:

Welche Städte bilden die Extreme?

Begründen Sie ihr Abweichen von der Norm!

Wie stellt sich nach dieser Statistik die Sozialstruktur insgesamt dar?

Welche Bevölkerungsschicht bleibt bei diesen Angaben völlig unberücksichtigt?

Q 4.4 *Schichtenmodelle zur mittelalterlichen Bevölkerungsstruktur*

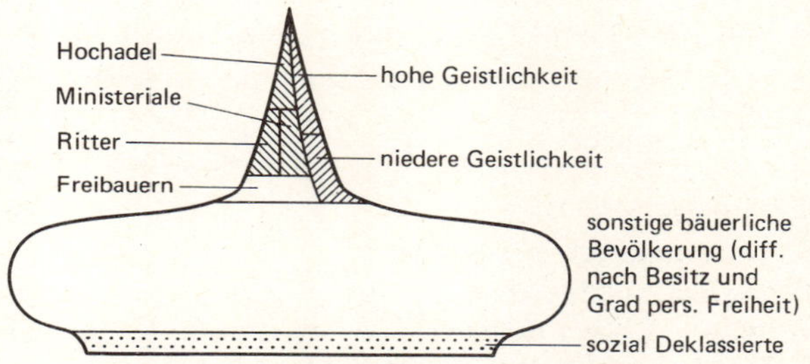

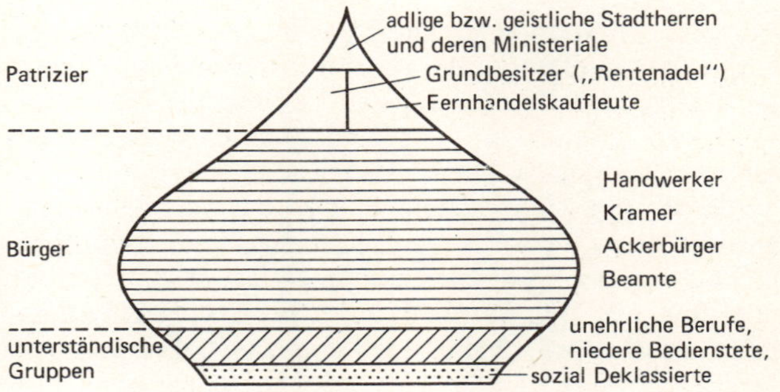

Bolte, Kappe, Neidhardt: Soziale Ungleichheit, 3. Aufl. Opladen 1974, S. 34/35

Arbeitsauftrag:

Erläutern Sie die beiden Schichtenmodelle und arbeiten Sie die Unterschiede zwischen der allgemeinen feudalen und der städtischen Gesellschaftsgliederung heraus. Beide Schaubilder sind „idealtypisch" gemeint. Was folgt aus dieser Einschränkung?

Q 4.5 *Vermögensverhältnisse in Görlitz am Ausgang des Mittelalters*

Das niederschlesische Görlitz war während des Spätmittelalters einer der wichtigsten Produktionsorte für Wollstoffe. Aus den Steuerbüchern geht hervor:

Steuerpflichtiges Vermögen	*1443*	*1528*	*1592*
0– 10 Mark	547 Haushaltungen = 54,9 %	525 Haushaltungen = 32,4 %	592 Haushaltungen = 39,5 %
11– 100 Mark	165 Haushaltungen = 16,7 %	323 Haushaltungen = 19,9 %	666 Haushaltungen = 44,4 %
101– 500 Mark	279 Haushaltungen = 27,8 %	632 Haushaltungen = 39,0 %	167 Haushaltungen = 11,1 %
501–1000 Mark	6 Haushaltungen = 0,6 %	77 Haushaltungen = 4,8 %	69 Haushaltungen = 4,6 %
1001–5000 Mark	– Haushaltungen = –	53 Haushaltungen = 3,3 %	6 Haushaltungen = 0,4 %
über 5000 Mark	– Haushaltungen = –	10 Haushaltungen = 0,6 %	– Haushaltungen = –

Darin enthalten die im Tuchgewerbe Tätigen:

Steuerpflichtiges Vermögen	*1443*	*1528*	*1592*
0– 10 Mark	23 Haushaltungen = 16,8 %	54 Haushaltungen = 23,1 %	34 Haushaltungen = 23,1 %
11– 100 Mark	75 Haushaltungen = 54,8 %	82 Haushaltungen = 35,0 %	95 Haushaltungen = 64,7 %
101– 500 Mark	39 Haushaltungen = 28,4 %	73 Haushaltungen = 31,2 %	18 Haushaltungen = 12,2 %
501–1000 Mark	– Haushaltungen = –	18 Haushaltungen = 7,7 %	– Haushaltungen = –
1001–5000 Mark	– Haushaltungen = –	7 Haushaltungen = 3,0 %	– Haushaltungen = –

H. Jecht, Studien zur gesellschaftlichen Struktur der mittelalterlichen Städte, in: VSWG 19 (1926), jetzt in: C. Haase, Die Stadt des Mittelalters 3 (1973)

Arbeitsauftrag:

In den 150 Jahren, die dieses Material umspannt, hat sich die Kaufkraft der Mark erheblich verringert.

Wie beurteilen Sie die Gesamtentwicklung in Görlitz?

Wie verhält sich dazu die Entwicklung in der Textilproduktion?

Vergleichen Sie die Sozialstruktur mit den Schichtmodellen von Bolte (Q 4.4).

Frankfurter Gulden von 1431. Die Prägung zeigt die Reichskrone. Umschrift: „Sigismund Romnorum rex" Die Reichsmünzstätte unterstand der städtischen Verwaltung.

Q 4.6 *Aus einer Frankfurter Kleider- und Hochzeitsordnung*

In einer Polizei-Ordnung der Reichsstadt Frankfurt aus der Mitte des 15. Jahrhunderts heißt es:

„Zum ersten von der Kleidung der Männer. Obwohl ein ehrbarer Rat schon in den vergangenen Jahren mancherlei Statute und Gesetze erlassen hat bezüglich der Hoffahrt und Köstlichkeit der Kleidung, besonders betreffs seidener Gewänder, damit Bürger und Bürgerinnen in ehrbarem und geziemendem Stand und Wesen bleiben, wurden diese doch fast täglich verletzt und wenig beachtet. Darum bestimmen und gebieten unsere Herren vom Rat, daß kein Bürger dieser Stadt Samt oder Atlasseide als Gewand, Wams oder sonstwie tragen soll bei Strafe von vier Gulden. . . . Ausgenommen sind die Bürgermeister in ihrem Amtsjahr und die Schöffen, welche dem Schöffenstuhl und dem Rat zu Ehren ein Wams von schwarzem Samt oder Atlas tragen dürfen. Es soll auch kein Bürger eine goldene oder vergoldete Kette oder ein anderes goldenes Kleinod oder Perlen tragen, bei Strafe von drei Gulden, sooft man ihn damit antrifft.
Von der Frauenkleidung. Item soll auch keine verheiratete oder unverheiratete Frau mehrere Goldstücke auf der Kleidung, an den Ärmeln, dem Goller, dem Brusttuch oder sonstwo tragen, seien sie nun flach oder erhaben gearbeitet. Auch darf sie an ihrem Kleid keine Schleife tragen, die über fünfviertel Ellen lang ist. Jede muß nach ihrem Stand gekleidet sein, wie es der Rat verordnet hat . . . Frauen aber, von deren Einkünften ihre Ehemänner oder Väter leben und die selbst im Handel tätig sind, dürfen die Kleider füttern und verbrämen, aber nicht mit Zobel- oder Marderfell, und die Verbrämung darf nicht über drei Finger breit sein. . . . Frauen von Handwerkern und ihresgleichen aus niederem Stand . . . dürfen zwar auch die Kleider füttern und mit einer Verbrämung säumen, aber nicht mit Zobel, Marder, Hermelin oder Buntpelz. Die Verbrämung am Oberkleid darf nicht breiter als ein Finger sein, die an Lederzeug und Unterkleid nicht breiter als eine Haarsträhne. . . . Wo Marder und Buntpelz verboten sind, darf auch nicht gefleckte Marderkehle genommen werden.
Wie lange man Hochzeit feiern darf. Item darf jeder aus besserem Stand zwei Tage lang und jeder aus minderem Stand nur einen Tag lang die Hochzeitsfeier begehen. Der von besserem Stand darf vom dritten Tag an, der aus minderem Stand vom zweiten Tag an nur noch Vater, Mutter, Großeltern und Geschwister von Mann und Frau zu Gast haben. Wer dies nicht beachtet, zahlt für jede weitere Person drei Gulden. . . . Was man bei der Hochzeit zu essen geben darf. Man soll zu keiner Hochzeit im besseren Stand mehr als drei Hauptgänge reichen, im minderen Stand mehr als zwei. Brot gilt nicht als ein

eigenes Gericht. Auch dürfen Fisch und Fleisch nicht zur gleichen Mahlzeit gereicht werden, es sei denn, daß eine Person an diesem Tag kein Fleisch ißt. Dies gilt in gleicher Weise für den höheren und den minderen Stand. . . . Von Spielleuten. Item kann ein Bräutigam aus höherem Stand sechs, einer aus minderem Stand zwei Spielleute bei seiner Hochzeit beschäftigen, nicht mehr. Wenn er auswärtige Spielleute anwirbt, nämlich Trompeter und Pfeifer, soll er ihnen nicht mehr als je zwei Gulden geben; wenn sie Einheimische sind, nicht mehr als einen Gulden. Einem auswärtigen Lautenschläger darf er nur einen Gulden geben, einem einheimischen – wie auch einem Baßgeiger oder einem Dudelsackpfeifer – nur einen halben. Den einheimischen Spielleuten darf Speise und Getränke nicht nach Hause mitgegeben werden."

Ph. L. Orth, Anmerkungen der so genannten erneuerten Reformation der Stadt Frankfurt am Mayn, Band 6, Zugabe und Abdruck einer Policey-Ordnung S. 387 ff. (1775)

Erläuterung:
Goller heißt ein Frauenkleid, das sich im Verlauf des 15. Jahrhunderts einbürgerte und einen mäßig großen viereckigen Ausschnitt besaß, während das damals übliche Kleid sehr tief und spitz ausgeschnitten war. Trotzdem haben sich die meisten Orte gerade gegen dieses modische Kleidungsstück gewehrt – ohne dauernden Erfolg. – Es sind die Strafsummen fast überall weggelassen worden, sie betragen zumeist drei Gulden.

Arbeitsauftrag:

Die mittelalterliche Stadt gilt gemeinhin als Ort rechtlicher Gleichheit; wieso bestehen dann Abstufungen in derartigen Kleider- und Luxusverordnungen?

Q 4.7 *Ein sog. „Zunftaufstand" in Braunschweig: die „Große Schicht" von 1374*

Der folgende dramatische Bericht ist der Lübecker Detmar-Chronik entnommen.

„Im Jahre 1374 war in der Stadt Braunschweig der Teufel los und hetzte das Volk gegen den Rat. Ein Teil der Ratsherren wurde totgeschlagen, ein Teil gefangengenommen und geköpft, ein Teil aus der Stadt vertrieben. Wem von den Ratsherren, ihren Kindern und ihrem Geschlecht es gelang, die Stadt zu verlassen, der war am besten dran. Das führerlose Volk lief in die Weinkeller, zerschlug die Fässer und ließ den Wein auf die Erde laufen. Sie führten den Bürgermeister Tile von dem Damme unter schmählicher Mißhandlung vor die Stadt, liefen dann in sein Haus und nahmen, was sie fanden, sie legten Feuer an das Haus, daß es bis auf den Erdboden niederbrannte, dann schlugen sie Herrn Tile den Kopf ab. Zu all diesen lästerlichen Missetaten setzten sie aus allen Zünften einen neuen Rat ein, so wie es ihnen behagte. Das Allerschlimmste war, daß sie an die Zünfte aller Städte Briefe sandten, in denen sie ihr Recht dartun wollten und klagten, daß sie zu hart behandelt und beschatzt worden wären, was sie nicht mehr hätten ertragen können. Mit diesen Sendschreiben reizten sie das Volk anderer Städte gegen ihren Rat auf, was schwer zu dulden war. Um dieser und anderer Untaten willen wurden sie aus der Hanse der Kaufleute ausgeschlossen, man durfte ihre Waren weder kaufen noch verkaufen. Sie blieben bis ins siebte Jahr außerhalb der Hanse".

Die Chroniken der deutschen Städte 19, Lübeck 1 (1884) S. 549 f. Übersetzung von J. Bühler.

Arbeitsauftrag:

Wer sind die Beteiligten an dem Aufstand?
Wie lautet im Lexikon die Begriffsdefinition von Revolution?
Läßt sich hier von einer „Zunftrevolution" sprechen?
Wie reagierte das Patriziat?

Q 4.8 *Die Zusammensetzung des städtischen Rates bei Vorherrschaft der Zünfte Die Entwicklung in Basel*

Im Verlauf des 14. Jahrhunderts erlangten in zahlreichen deutschen Städten Vertreter der Zünfte Anteil am Stadtregiment. Man räumte ihnen eine bestimmte Anzahl von Sitzen im Rat ein. In Basel verlief die Entwicklung zwischen 1357 und 1515 so:

1. Phase: 1357 bis 1382. Der jährlich neu gewählte Rat umfaßt:

13 Mitglieder der „Hohen Stube" (= Patrizier):
1 Bürgermeister (stets ritterbürtig)
4 ritterbürtige Patrizier
8 „Achtmänner" (nichtritterbürtig)

15 Mitglieder aus den 15 Zünften: Kaufleute, Münzer, Weinwirte, Krämer, Grautuchmacher, Bäcker, Schmiede, Schuhmacher und Ledergerber, Kürschner und Schneider, Gärtner, Metzger, Zimmerleute und Maurer, Maler und Sattler, Leineweber, Fischer.

2. Phase: ab 1383 zusätzlich die 15 Zunftmeister (somit jede Zunft doppelt vertreten)

13 Mitglieder der „Hohen Stube" (wie oben)
30 Mitglieder aus den Zünften (je ein Zunftmeister und ein gewählter Vertreter)

Am Ende des 15. Jahrhunderts verringert sich die Zahl der patrizischen Geschlechter durch Wegzug und Aussterben wesentlich. Neu in den Rat aufgenommen werden: Altbürgermeister (Adel), Oberzunftmeister und Altoberzunftmeister (jährlich wechselnd aus der „Hohen Stube" und aus den Zünften). Im Jahr 1498 lauten die Zahlen so:

9 Mitglieder aus dem Patriziat:
1 Bürgermeister (Ritter)
1 Altbürgermeister (Ritter)
1 Oberzunftmeister (Ritter)
– Ritter (weil nicht zur Verfügung)
6 Achtmänner (weil keine 8 zur Verfügung)

31 Mitglieder aus den Zünften:
1 Altoberzunftmeister
15 Zunftmeister
15 Zunftvertreter

Basler Chroniken 5 u. 6 (1895 u. 1902), jeweils als „Allgemeine Beilage"

Erläuterung:
1501 und 1502 stand kein Ritterbürtiger als Bürgermeister zur Verfügung; es amtierte jeweils einer der (nichtritterbürtigen, aber patrizischen) Achtmänner als „Statthalter des Bürgermeisters". 1515 wurde die Bestimmung beseitigt, daß nur ein Ritterbürtiger in Basel Bürgermeister werden dürfe.

Arbeitsauftrag:

Stellen Sie die 3 Stadien der Ratsentwicklung graphisch dar!

Welche Schlüsse ziehen Sie aus der Zunftliste bezüglich der Gewerbetätigkeit in Basel im Spätmittelalter?

5. Gemeinschaftsleben und Mentalität

Q 5.1 *Der städtische Finanzhaushalt am Beispiel von Mainz*

Trotz der Anwesenheit des erzbischöflichen Hofes hatte die Mainzer Bürgerschaft im 13. Jahrhundert kommunale Autonomie errungen. Von 1244 bis 1462 war der altberühmte, wichtige Handelsplatz eine reichsunmittelbare, freie Stadt. Noch im Ausgang des 14. Jahrhunderts traten seine Bürger als bedeutende Kreditgeber auf; dann aber verschuldeten Stadt und Bürger immer mehr, so daß der Verlust der städtischen Freiheit im Verlauf der Mainzer Stiftsfehde (1462 Eroberung durch Erzbischof Adolf von Nassau) eine finanzgeschichtliche Voraussetzung besaß. In der „Chronik von alten Dingen der Stadt Mainz" 1332–1452 trug der Geschichtsschreiber einige Jahre lang auch die städtische Rechnungslegung vor dem Rat ein (Zahlen aufgerundet). Alle Angaben in Pfund Heller.

Einnahmen:	*1439*	*1440*	*1441*	*1442*
Mehl-Ungeld[a)]	5278	5297	6109	5806
Wein-Ungeld	3923	2814	2991	2021
Rude[b)]	3745	3381	3909	4380
Mütte-Ungeld[c)]	906	1093	898	930
Kaufhaus und Pfundzoll[d)]	1022	1320	1362	1600
Kranengeld[e)]	214	243	192	327
Wege-Ungeld[f)]	99	97	111	123
Kohlen-Ungeld	38	47	30	64
Salz-Ungeld	237	249	264	266
Pfundgeld[g)]	475	444	517	583
Zoll (Anteil am Reichszoll)[h)]	3540	4289	3407	2562
Bürgersteuer[i)]	5720	5938	5831	5864
sonstige Einnahmen[k)]	1008	1550	1413	1738
Einnahmen zusammen:	26205	26762	27034	26264

Ausgaben:	*1439*	*1440*	*1441*	*1442*
Gesandtschaften und Dienstreisen	761	333	620	1139[a)]
öffentliche Baumaßnahmen	762	2029[b)]	2182[c)]	1290[d)]
Repräsentation (Geschenke, Empfänge)	364[e)]	243	156	428[f)]
Botenlohn	81	115	82	73
Turm- und Torwächter-Lohn	633[g)]	402	383	548[h)]
Lohn für Beamte, Stadtdiener, Soldaten	1236	799	1659[i)]	1416[k)]
„beständige Gemeinschaftsausgaben"[l)]	1250	835	626	950
Zwischensumme:	5087	4756	5708	5844
Aufwendungen für den Schuldendienst (Zinsen für Leibgedinge, Ewiggelder)[m)] durchschnittlich pro Jahr	29125	29125	29125	29125
Gesamtsumme:	34212	33881	34833	34969
Gesamteinnahmen:	26205	26762	27034	26264
Gesamtausgaben:	34212	33881	34833	34969
jährliches Defizit:	8007	7119	7799	8705

Die Chroniken der deutschen Städte 17, Mainz 1 (1881)

Erläuterung:
Einnahmen a) Unter Ungeld verstand man indirekte Steuern, die zumeist in der Erhebungsweise der heutigen Mineralölsteuer entsprechen. b) Die „Rude" wurde an den Stadttoren als Einfuhrsteuer erhoben. c) „Mütte" wurde bei der Inanspruchnahme der Stadtwaage und der dort verwalteten Gewichts- und Hohlmaße erhoben, namentlich für das Ausmessen von trockenen Waren, beispielsweise Getreide. d) Kaufhaus und Pfundzoll: Durch ein Privileg König Ludwigs d. Bayern von 1317 wurde der Stadt gestattet, ein öffentliches Kaufhaus zu betreiben, in welchem für die einzelnen Verkaufsstände Platzmiete, für die feilgehaltenen Waren ein nach Gewicht berechneter Steuerbetrag verlangt wurde. e) Kranengeld: für Beanspruchung der Entladevorrichtungen am Rheinhafen. f) Wege-Ungeld: 1347 bewilligte Karl IV. dem

Rat, pro Rad jedes in die Stadt einfahrenden Wagens oder Karrens einen Heller zu verlangen. Einachsige Karren zahlten demnach 2 Heller, zweiachsige Wagen 4. Nur Wagen geistlicher Institutionen waren ausgenommen. g) Pfundgeld: eine erst 1436 eingeführte Abgabe für die auf öffentlichem Markt feilgehaltenen Waren, die dem Standgeld moderner Freiluft-Märkte entspricht. h) Zoll: durch Privileg zugestandene Hälfte an dem Reichszoll auf dem Rhein. i) Bürgersteuer: Vermögenssteuer und Herdschilling für jede Feuerstelle. Die Quelle faßt beides zusammen. k) Als sonstige Einnahmen werden (ohne einzelne Ertragszahlen) angeführt: Eimersteuer (Wiegesteuer für flüssige Waren außer Wein), Verzugsgebühren, Steuer für Faßdauben, Gerichtsgefälle, Steuer für Bierbraugenehmigung, Ungeld für gesalzene Fische, Gebühren wegen Bauaufsicht und -genehmigung, Kalk-Ungeld, Benutzungsgebühr der städtischen Wollwaage, Einnahmen aus Erbfällen bei Juden, Mühlengelder, Benutzung der städtischen Garküche und der Fleischbänke usw.

Ausgaben a) besonders hoch wegen einer Gesandtschaftsreise zum König, bei der die Stadtprivilegien erneuert wurden, und wegen einer Gesandtschaftsreise zum Herzog von Lothringen. b) und c): besonders hoch wegen notwendiger Befestigungsbaumaßnahmen am Rheinufer. d) Abschluß dieser Baumaßnahmen. e) besonders hoch wegen des feierlichen Einritts des Erzbischofs von Mainz. f) besonders hoch wegen eines Empfangs des Königs. g) mit Kosten für neue Uniform, teilweise auch fehlgebucht Kosten für militärische Ausrüstung. h) mit Fehlbuchung für militärische Ausgaben. i) Neueinkleidung der städtischen Soldaten; Lohnaufbesserung der Beamten. k) einschließlich besonderer Aufwendungen für den feierlichen Ratsempfang. l) als „beständige Gemeinschaftsausgaben", die nicht im einzelnen abgerechnet sind, werden angegeben: Unterhalt des Stadtgefängnisses, Ausrufen in der Stadt (= Ratsmitteilungen), Unkosten für Schreibmaterial, Wachgebühren bei Kirchweih, städtische Beleuchtung, Glockenläuten, Heizungskosten für Rathaus und Stadttürme, Fackeln, Bezahlung von Spielleuten (Musikanten) bei städtischen Empfängen, Unkosten der Feuerwehr, Lohn des Scharfrichters usw. m) Leibgedinge stellen eine Form der Kapitalleihe dar, bei der die Kreditsumme auf Lebenszeit des Kreditgebers gleichbleibend hoch verzinst wird. Bei seinem Tod verfällt die Summe dem Kreditnehmer. Ewiggelder stellen eine Kreditform dar, bei der bis zur Kapitalrückzahlung ein geringerer Zins verlangt wird.

Arbeitsauftrag:

Vergleichen Sie diese Zusammenstellung mit dem Finanzhaushalt einer modernen Stadt!

Vergleichen Sie die Situation von Mainz mit dem Problem der Schuldentilgung in heutigen Kommunen!

Q 5.2 *Aus der Gründungsurkunde des Nürnberger Heiliggeistspitals von 1339*

Der städtische Gemeinsinn des Spätmittelalters gipfelte in dem blühenden Spitalwesen. Nachdem es in Früh- und Hochmittelalter namentlich geistliche Institutionen wie Klöster und Ritterorden gewesen waren, die Hospitäler errichtet hatten, vor allem auch für durchreisende Pilger, überwogen seit dem frühen 14. Jahrhundert bürgerliche Gründungen. In ihnen wurden alleinstehende Arme und Kranke, Waisenkinder und alte Menschen mit Nahrung, Unterkunft und Pflege versorgt. Als Beispiel dient das Nürnberger Heiliggeistspital, dessen Gründungsurkunde von 1339 eines der umfänglichsten Quellenstücke dieser Art darstellt. Aus dem dicht beschriebenen Pergament von 146,4 cm mal 71,5 cm können nur einige Ausschnitte angeführt werden.

„Jedermann wisse, daß vor mir, dem öffentlichen Notar [Herdegen], der ehrbare Konrad Groß erschien, Bürger der Stadt Nürnberg. Er erklärte, den sehnlichsten Wunsch zu haben, nach Gottes Gnade die zeitlichen Güter gegen himmlische einzutauschen. Er sah an, wie die himmlische Vorsehung alles so wohl einrichtete ... und es wollte, daß die einen während ihres zeitlichen Lebens Überfluß haben, aber die anderen an vergänglichem Gut Mangel leiden, damit die Reichen durch Unterstützung der Armen und Entbehrenden Christi Gebot erfüllen können, das uns befielt, seinetwegen den Nächsten zu lieben und seine Last mitzutragen ... Er [= Konrad Groß] hat bedacht, daß in einem Spital für arme Sieche heilsame Werke der Frömmigkeit und der Barmherzigkeit ... mit frommem Eifer getan werden können: Hier wird den Hungernden das Brot gebrochen, den Durstigen der Trank gereicht, der Nackte bekleidet, der Kranke getröstet, der heimatlose, gebrechliche Fremde in geeigneter Pflege untergebracht. Hier werden die durch Schicksalsschläge Verängstigten durch Pflege und liebevolle Sorgfalt gleichsam aus dem Gefängnis befreit. Er [= Konrad Groß] hat ferner bedacht, daß die Stadt Nürnberg, gelegen an der großen Völkerstraße, nach Gottes Willen von einer großen Menschenmenge bewohnt wird, deren Zahl wegen des hohen Wohlstandes dieser Stadt täglich weiter zunimmt. Und er hat bedacht, daß er schon lange in seinem Gewissen den göttlichen Ansporn verspürte, so zu handeln. Deshalb hat Konrad Groß aus freien Stücken und in uneigennütziger Freigiebigkeit zu seinem eigenen Seelenheil ... sowie zur Vermehrung des Gottesdienstes ein Spital zu Ehren des Heiligen Geistes ... und für die Armen, die dort untergebracht werden, gestiftet. ... Der Stifter setzte fest, daß für den Gottesdienst und zum Trost der dort lebenden Armen 6 Priester und 12 arme Scholaren daselbst Unterhalt, Nahrung und Bleibe finden sollen, damit sie ... die täglichen Messen lesen und die Stundengebete bei Tag und Nacht feierlich und mit Gesang versehen zu seinem Seelenheil, dem seiner Eltern und Freunde, der Wohltäter des Spitals und anderer, die dort auf dem Spitalfriedhof beerdigt sind und noch werden. ... Die Priester sind gehalten, im Hause des Erzpriesters zu wohnen ...; sie haben auch die kranken Spitalinsassen öfters zu besuchen, zu beraten und zu trösten. ... Jährlich sollen Bürgermeister und Rat 5 ehrbare Männer für die Leitung wählen. ... Bei der Annahme und Aufnahme ... der Pfründner und Siechen sollen sie sich nicht von menschlicher Zuneigung leiten lassen; sie sollen vielmehr jenen den Vorzug geben, die ärmer sind ..."

G. Löhlein, Die Gründungsurkunde des Nürnberger Heiliggeistspitals von 1339 in: Mitteilungen des Vereins für Geschichte der Stadt Nürnberg, 52 (1963–64)

Arbeitsauftrag:

Welche Absicht verband Konrad Groß mit der Gründung des Nürnberger Spitals?

Welche Auffassung von sozialen Unterschieden vertritt der Nürnberger Patrizier?

Machen Sie Unterschiede zwischen dem mittelalterlichen Spital und dem modernen Krankenhaus oder dem Altenwohnstift deutlich.

Vergleichen Sie damit heutige Maßnahmen der sozialen Sicherung.

Q 5.3 *Gesetzgebung des Bamberger Rates über die Lepra*

Seit dem 12. Jahrhundert breitete sich die Lepra auch nördlich der Alpen stärker aus. Das 3. Laterankonzil (1179) forderte eigene Behausungen für die vom Aussatz Befallenen, die abseits der übrigen Wohnungen liegen sollten. Man duldete die „Sondersiechen", „Gutleute" oder „Feldsiechen" nicht länger innerhalb der Stadtmauern. Wer sich einem „Feldsiechenkogel" versehentlich näherte, wurde von den Kranken durch hölzerne Klappern gewarnt. (Daher Gemarkungsnamen wie „Klapperfeld" u. dgl.) Gegen Ende des Mittelalters verschwand die Lepra bis auf ganz geringe Reste wieder.

Aus dem ältesten Gerichtsbuch der Stadt Bamberg (1306–1333):

„Im Jahr des Herrn 1330 beschlossen in gemeinsamer Ratssitzung Stadtschultheiß, die Ratsherren aus der Bürgerschaft und die Schöffen, daß hinfort kein Aussätziger – es sei Mann oder Frau – die Stadt betreten dürfe. Wer dagegen verstößt, dem sollen Büttel und Häscher die Kleider ausziehen (und ihn hinaustreiben). Nur an Sonn- und Feiertagen dürfen sie sich vor der Kirche (in der Stadt) aufhalten, allerdings nur bis zum Schlußchorgesang. Dann müssen sie sofort wieder die Stadt verlassen. Boten dürfen sie in die Stadt senden, aber nur dann, wenn diese selbst gesund sind."

H. Zoepfl, Das alte Bamberger Recht als Quelle der Carolina 2, S. 167 (1839)

Arbeitsauftrag:

Wie versuchte man, der Lepra Herr zu werden?
Welche über die Funktion einer Bestrafung hinausgehende Bedeutung hat die Entkleidung?

Q 5.4 *Regensburger Feuerwehrordnung des vierzehnten Jahrhunderts*

Die Bevölkerungsverdichtung ließ die Gefahr von Brandkatastrophen in den mittelalterlichen Städten erheblich anwachsen. Immer wieder kamen verheerende Stadtbrände vor, obwohl schon früh der Bau von Steinhäusern begünstigt und überall vom Rat vorgeschrieben wurde, daß mindestens eine Brandmauer, die über den Dachfirst hinausragte, die einzelnen Haus- und Hofstellen trennte. Eine Berufsfeuerwehr gab es nicht. Jede Stadt besaß einschlägige Ratsverordnungen, die die Löscharbeiten regelten; hier eine (geringfügig gekürzte) Ordnung aus Regensburg:

„Wenn Feuer ausbricht, müssen die Küfer und Eimermacher ihre Knechte mit 16 Stangenzubern zum Feuer schicken und Wasser zutragen lassen. Versäumen sie das, wird ihnen für ein Jahr ihre Arbeitserlaubnis abgesprochen. Gleichfalls müssen alle Knechte in den Bier- und Metbrauereien mit ihren Zubern Wasser holen. Diese sollen dafür einen Lohn erhalten, und zwar für jeden Zuber zwei Pfennige – wer aber zuerst zur Brandstelle kommt, sechs Pfennige. Auch die Bader müssen durch ihre Knechte je ein Schaff herbeibringen und damit Wasser zutragen lassen; für das Schaff erhalten sie je einen Pfennig. Unterlassen die Bader das, müssen sie 60 Pfennige zahlen. Ferner müssen von den Zimmerleuten sechs jeweils besonders dazu bestellte Meister, jeder mit zehn Gesellen, zum Feuer kommen, um mit ihren Beilen niederzubrechen, was ihnen der Bürgermeister und die Ratsherren angeben, widrigenfalls ihnen für ein Jahr die Arbeitserlaubnis entzogen wird. Wer sonst einen Bottich zum nächsten Brunnen bringt, um dem Feuer zu wehren, erhält vier Pfennige. Die Messermacher müssen die Feuerhaken und Leitern aus den Stadthäusern holen und zum Feuer bringen. Den Küfern, die zusätzliche Scheffel in Bereitschaft halten, wird eine Erkenntlichkeit bezahlt. Kein Knabe und kein Vagabund darf ein Brandhaus betreten, wenn er nicht eigens aufgefordert wird. Wer etwas aus einem brennenden Haus entnimmt und behält, soll als Schädling gelten und bestraft werden. Wer einen solchen Plünderer anzeigt, dem soll Dank zuteil werden. Es ist verboten, mit Waffen zum Feuer zu laufen.
(Späterer Zusatz) Alle Steinmetzen, Zimmerleute, Küfer, Bader, Faßmacher, Eimermacher und Metzger müssen mit Gesellen und Knechten zum Feuer kommen und tun, was sie die Feuerwachtmeister zu tun heißen. Wer beim Feuer etwas wegnimmt und fortträgt, den soll man für einen allgemeinen Schädling halten und hinrichten. Buben, Vagabunden und Frauen dürfen nicht zum Feuer laufen. Frauen, die man dort antrifft, soll Schleier und Mantel genommen werden."

C. Th. Gemeiner, Regensburgische Chronik 1, S. 469 f. (1800, ND 1971)

Erläuterung:
Stangenzuber sind große Wasserfässer, die mittels zweier Tragestangen, die beidseitig durch angebrachte Bügel geführt werden, von Trägern transportiert werden.

Arbeitsauftrag:

In welchen Organisationsformen bekämpfte man Brände?

Wer führte die Aufsicht bei der Brandbekämpfung?

Wer war in erster Linie zu Hilfe verpflichtet? Warum?

Was bezweckt der spätere Zusatz?

Q 5.5 *Städtische Geschichtschreibung: Aus der Augsburger Chronik des Clemens Sender*

In der überaus reichen städtischen Geschichtsschreibung fand das Lebens- und Weltgefühl des spätmittelalterlichen Bürgertums sprechenden Ausdruck. In bedeutenden Orten erreichte die Geschichtsschreibung bisweilen hohen Rang – wie namentlich in Lübeck, Magdeburg, Straßburg, Basel, Augsburg und Nürnberg. – Es folgen einige Proben aus der wenig bekannten Augsburger Chronik des Clemens Sender, Mönchs in St. Ulrich und Afra, die bis 1536 reicht.

„Anno Domini 1333 am Sonntag vor dem Auferstehungstag sind die Bäckergasse und Afrawald, St. Ulrichs-Kloster, St. Margareten-Kloster, das Rote Tor, das damals Haustetter Tor hieß, der Schwibbogen bis nach St. Nikolaus und die ganze Vorstadt, über 250 Häuser, zu Pulver und Asche verbrannt. Das Feuer begann in einer Schmiede.
Anno Domini 1334. Als hier ein Bürger mit Namen Portner insgeheim gehört hatte, daß der Kaiser alle Juden vertilgen wollte, da lieh er sich rasch von ihnen eine sehr große Summe Geldes, damit er mit der Juden Geld noch reicher würde. Weil aber des Kaisers Verbot und Interdikt dann doch nicht ausgesprochen wurde (mußte er das geliehene Kapital beim Fälligkeitstermin mit sehr hohen Zinsen zurückgeben), und da er nicht genug Geld besaß, ist dem Portner all sein Besitz durch den Rat beschlagnahmt und aberkannt worden, und man verspottete ihn in der ganzen Stadt. Er hatte zuvor ein köstliches, herrliches Haus besessen, ganz als ob er ein Fürst wäre.
Anno Domini 1358 ist hier ein sehr großes Sterben gewesen, und das ganze Stadtvolk kam zusammen und fastete bei Wasser und Brot und zog barfuß in einer Prozession mit dem hochwürdigsten Sakrament rings um die Stadt und rief Gott den Herrn andächtig um Barmherzigkeit an. Dieses Gebet erhörte Gott der Herr; das Sterben endete.
Anno Domini 1425 wurde in der Woche vor Palmsonntag der neue Chor zu unserer lieben Frau zu bauen begonnen. Und im Jahr 1431 wurden Chor und Altar geweiht. N. von Rechberg und Jos Kramer, der Weber Zunftmeister, waren die Baumeister.

1456. Hans von Hoy war hier ein sehr reicher Kaufmann, der sich aber mit über 30000 Gulden verschuldete, weil er zum Nachteil der anderen Kaufleute den gesamten Wollimport aufkaufte, teurer als der übliche Kaufpreis war. Und es begab sich eines Tages, daß er alle seine Freunde zu Gast einlud, damit sie seinen Reichtum sehen sollten, denn er hielt sich für den Allerreichsten in der ganzen Stadt Augsburg. Doch er wußte noch nicht, daß ihm ein ganzes großes Schiff voll mit Spezereien und anderen wertvollen Handelswaren untergegangen war. Aber die, denen er das Geld schuldete, hatten es schon gehört, berieten sich und verlangten, daß der gesamte Besitz des von Hoy – Liegenschaften und bewegliches Gut, Bargeld, Kleinodien und Hausrat – beschlagnahmt werden sollte. Und so geschah es, als er mit seinen Freunden bei Tisch saß, daß der Stadtvogt in sein Haus kam und ihm und seiner Frau die Schlüssel vom Gürtel nahm und allen Besitz beschlagnahmte. Und so ist er innerhalb einer einzigen Stunde zuerst reich, herrlich und angesehen gewesen, und dann ganz arm und verachtet. Man rief seinen Besitz öffentlich auf dem Marktplatz aus und versteigerte ihn um 3000 Gulden."

Nach der Mitte des 15. Jahrhunderts führte für einige Zeit der Bürgermeister Ulrich Schwarz ein diktatorisches Regiment mit drakonischer Strenge. Er stützte sich in erster Linie auf die Zünfte und benachteiligte die patrizischen Geschlechter, die zuvor die Stadtregierung getragen hatten. Besonderen Unwillen erregte die Hinrichtung von zweien seiner vornehmen Gegner. Das Bluturteil wurde letztlich zum Anlaß für den Sturz des Schwarz und die Wiederherstellung der patrizischen Ratsherrschaft. Alle Ansätze zur Zunftherrschaft waren damit auf Dauer gescheitert. Über das Ende von Schwarz berichtet Clemens Sender:

„1478. Auf den Tag genau, als Ulrich Schwarz mit seinem Anhang Hans und Leonhard Fitel schuldlos zum Tod durch das Schwert verurteilt hatte, ist im folgenden Jahr der Schwarz selber um seiner großen Schuld willen zum öffentlichen Galgen verurteilt worden.
Als Ulrich Schwarz, der Bürgermeister, zum Galgen verurteilt worden war, setzte man ihn hoch auf einen Wagen, doch nicht um ihn zu ehren wie einen Sieger nach der Überwindung seiner Feinde, sondern als einen Erzdieb und Feind des Vaterlandes und Vater der Diebe, und auch weil er schlimme Füße hatte und nicht gehen konnte – aber vor allem damit er von jedermann gesehen werden konnte als ein Räuberhauptmann, Mörder und Dieb, der des Galgens würdig war.
Ulrich Schwarz saß auf dem Wagen und der Henker bei ihm. Er sah bei der Fahrt niemanden an. Er trug einen schwarzen Übermantel aus Schamlot, der mit Marderfell gefüttert war, und auf dem Kopf eine Mütze, die mit Iltisfell gefüttert war und an der zwei große Knöpfe aus Perlmutt hingen.
Als nun der Schwarz auf der Leiter stand und von dem Henker nach der Gewohnheit herumgeführt wurde, um das Volk um ein Fürbittengebet zu Gott zu bitten, sprach er kein einziges Wort, sondern der Henker redete an seiner statt. Danach sagte der Schwarz zu dem Henker, was an seinen Kleidern besonders wertvoll sei, damit er es als seinen Henkerslohn behalten sollte. Endlich wurde er gehenkt mit dem Gesicht nach [dem Dorf] Kriegshaber zu, und man hatte ihm eine Eisenkette mit einem besonderen Schloß um den Hals gelegt, damit ihn niemand vom Galgen wegstehlen konnte."

Ergänzend erfährt man aus einer chronikalischen Denkschrift aus den Kreisen der alten Ratsgeschlechter über den Tod Ulrich Schwarz':

„Und wie zuvor an dem Tage, als die frommen Herren Fitel hingerichtet wurden, die Herrentrinkstube geschlossen war und kein einziger Herr sich vor Herzeleid sehen ließ, so wurden jetzt in besagter Herrentrinkstube alle Fenster geöffnet und von den Herren der ‚hohen Gesellschaft' besetzt, weil sie anhören wollten, wie man ihren Erzfeind gerichtlich ausrief, und ansehen, wie er zum Galgen geführt wurde. ... Und der Henker hat seinen Rock, die Mütze und das Wams wochenlang öffentlich getragen, was seinen Freunden schmerzlich war, so daß sie dem Scharfrichter die Kleider abkauften und in ihre Obhut nahmen; denn der Henker war darin aufgetreten, als ob er der Bürgermeister Schwarz höchst persönlich wäre."

Die Chroniken der deutschen Städte 23 (1894 = Augsburg Band 4) S. 28 f., 33, 36 f. und 40 f.; die Ergänzung: Die Chroniken der deutschen Städte 22 (1892 = Augsburg Band 3) Beilage IV S. 437

Arbeitsauftrag:

Aus welcher Sicht schreibt der Autor?

Warum scheinen ihm die genannten Vorfälle überlieferungswürdig?

Wie stellt sich hier das Verhältnis zwischen dem Einzelnen und der Gemeinschaft dar?

Q 5.6 *Arno Borst, Bürgerliche Mentalität im Mittelalter*

„Ob jemand Wildbret ißt und seiner Frau einen Pelz schenkt, hängt vom Vermögen ab, und zwar weniger von Bargeld und Schmuck, die rasch ihren Wert verlieren, als von Grundstücken und Häusern mit beständigem Wert ... Das heißt, daß auch die Bürger im Ernstfall bäuerlich denken; Tauschwerte sind Wechsel auf eine unsichere Zukunft, aber was man hat, das hat man.
Hier liegt auch der Berührungspunkt mit adligem Denken. Vom Stolz auf edles Geblüt und kriegerische Leistung gehen die Bürger nicht aus; Handarbeit wird in der Stadt nicht wie beim Adel als ehrenrührig empfunden. Aber es heißt die mittelalterliche Stadt stark idealisieren, wenn man sie als Leistungsgemeinschaft empfindet. Hier arbeitet man nicht für das Einkommen, sondern für das Auskommen, nicht für Investitionen, sondern für den Konsum ... Wer sich dabei Aufwand leisten kann, rückt dem Adel nahe, der sich seiner Potenz ja auch nicht schämt ... Ehrenrührig ist in der Stadt nur der Bettel, das Leben auf Kosten anderer ...
Diese Mentalität paßt schlecht zu ökonomischer Rationalität der Zwecke und zu sozialer Gleichberechtigung der Privilegierten, aber sie stabilisiert inmitten aller Schwankungen von Wirtschaft und Gesellschaft die bürgerliche Lebensform ... Was jedem ansteht, überwacht eine öffentliche Neugier, die rücksichtsloser als im Dorf bis in die familiäre Häuslichkeit vordringt. ... Die bürgerliche Denkart hat zwar eine religiöse, karitative Neigung, doch ist auch sie auf Sammlung und Darstellung von Verdiensten gerichtet. Es ist eine Denkart, die Kreditfähigkeit erträumt ...
Der bürgerliche Lebenskreis des Mittelalters ist weit spannungsreicher als der bäuerliche, zumal er bäuerliche und adlige Lebensformen in sich aufgenommen hat. Er ist auch jünger als Adel und Bauerntum, denn er hat sich erst während des Mittelalters ausgebildet. Aber neuzeitlicher ist er nicht. Burgenses sind keine Bourgeois; ihre Mitbürger hindern sie daran, die Zukunft vorwegzunehmen."

Arno Borst, Lebensformen im Mittelalter, Frankfurt/M. 1973, S. 420–422

Arbeitsauftrag:

Arbeiten Sie die wesentlichen Kennzeichen der bürgerlichen Mentalität im Mittelalter und ihre Herkunft heraus!

Wodurch unterscheidet sich nach Borst diese Haltung von der heutigen bürgerlichen Mentalität?

Q 5.7 *Beschreibung einer spätmittelalterlichen Stadt: Wien 1438*

Im April 1438 schilderte der vielgereiste Humanist Enea Silvio de'Piccolomini aus Siena, der es nach einem wechselvollen Leben bis zum Papst brachte (Pius II., 1458 bis 1464) einem Freund brieflich seinen damaligen Wohn- und Wirkungsort Wien. Es ist eine der wertvollsten Städtecharakterisierungen der Epoche.

„Wien ist in einem Umkreis von 2000 Schritten von Mauern umgeben; doch besitzt es sehr ausgedehnte Vorstädte, die selbst befestigt sind. Die Stadt hat einen tiefen Graben und einen hohen Wall; ihre Mauern sind sehr stark und mit zahlreichen Türmen wie kriegsbereiten Vorwerken versehen. Die Wohnhäuser der Bürger sind zumeist groß, reichlich ausgestattet und gut heizbar. Sie haben breitgewölbte Hausflure. Statt einer Halle hat man hier heizbare Zimmer, welche „Stuben" genannt werden. Nur auf diese Weise erwehrt man sich der strengen Winterskälte. Überall gibt es Glasfenster und feste Türen. Vielfach werden Singvögel gehalten. In den Wohnungen findet man schönen Hausrat; die Ställe sind voll von Pferden, Zugvieh und Haustieren. Die Häuser haben hohe Giebel und machen einen stattlichen Eindruck; unschön ist, daß die Dächer zumeist mit Schindeln, nur selten mit Ziegeln gedeckt sind. Übrigens sind die meisten Häuser aus Stein; Wandmalereien schmücken sie innen und außen. . . . Die Häuser des Adels und der Geistlichkeit sind Freistätten, d. h. die Behörden der Bürgerschaft dürfen sie nicht ohne weiteres betreten. Die Weinkeller sind so ausgedehnt, daß man sagt, unter der Erde gäbe es noch ein zweites Wien.

Die Straßen sind mit Granit gepflastert, der den Wagenrädern gut widersteht. Gott und seine Heiligen besitzen hier prächtige Kirchen aus gehauenem Stein, sehr hell mit schönen Säulenhallen. Es gibt sehr viel Reliquien; sie sind in kostbaren Schreinen aus Gold, Silber und Edelsteinen verwahrt. Die Kirchen sind reich geschmückt; die Priester leben im Überfluß. Obwohl die Stadt zum Bistum Passau gehört, ist der Propst von St. Stefan direkt dem Papst unterstellt. . . . Nicht wenige Häuser in der Stadt haben eigene geweihte Kapellen und Priester. Es gibt vier Bettelordenkonvente, die durchaus keinen Mangel leiden. Die Schottenmönche und die regulierten Chorherren von St. Augustin gelten als sehr reich; auch die Nonnenklöster sind begütert. Außerdem befindet sich in Wien ein Kloster des hl. Hieronymus, wo bekehrte Dirnen Aufnahme finden, die Tag und Nacht deutsche Hymnen singen. Doch führen sie ein anständiges, frommes Leben, und nur selten wird ihnen Übles nachgeredet.

Auch eine Schule der freien Künste, der Theologie und des Kirchenrechts besteht in Wien; sie ist jüngeren Ursprungs und wurde von Papst Urban VI. bestätigt. Hier strömt eine große Anzahl von Studierenden aus Ungarn und den Alpenländern zusammen. . . . Der größte Fehler dieser Hochschule ist, daß . . . man viel Zeit auf nutzloses Zeug vergeudet. . . . Übrigens gehen die Studenten ganz in ihren Vergnügungen auf und haben nur Sinn für Wein und gutes Essen. Nur wenige werden wirklich Gelehrte; die meisten sind nicht im Zaum zu halten . . .

Die Einwohnerschaft schätzt man auf 50.000 Kommunionsempfänger. Man wählt 18 Männer zu Stadtvätern, dazu einen Stadtrichter, der das Rechtswesen leitet, und einen Bürgermeister, der für das Gemeinwohl zu sorgen hat. Der Landesherr bestätigt ihre Wahl, wenn er auf ihre Verläßlichkeit zählen kann, und vereidigt sie. Andere Ämter gibt es nicht außer dem Weinsteueramt. Die Amtsgewalt wird für ein Jahr erteilt; alles wird vor diese Behörde gebracht.

Was täglich an Lebensmitteln in die Stadt kommt, möchte man nicht für möglich halten: Wagen voll Eier und Krebse, Brot, Fleisch, Fische, Geflügel in ungeheurer Menge. Doch am Abend ist alles verkauft. Die Weinlese dauert vierzig Tage; täglich fahren dreihundert mit Trauben beladene Wagen zwei- oder dreimal in die Stadt, 1200 Pferde werden dabei verwendet. . . . Es klingt unglaublich, in welchen Mengen Wein importiert wird, der entweder in Wien selbst getrunken oder stromaufwärts ins Ausland weiterverschifft wird. Von dem Wein, der in Wien verkauft wird, erhält der Landesherr jeden zehnten Denar; das wirft jährlich 12000 Gulden für seine Kammer ab. Sonst sind die Bürger steuerlich wenig belastet.

Doch kommen Dinge vor, die in der großen, gesitteten Stadt unbegreiflich sind. Immer wieder arten Raufereien zu förmlichem Kampf aus. Bald Handwerker gegen Studenten, bald Hofpersonal gegen Handwerker, bald eine Zunft gegen die andere! Selten läuft eine Feierlichkeit ohne blutige Köpfe ab; ein Totschlag ist nicht selten. . . . Und weder die Stadtbehörde noch der Landesherr hält sich eine Polizei, die einschreiten könnte. – Es gilt als keine Schande, seinen eigenen Wein auszuschenken. Viele Bürger unterhalten Weinschenken, heizen die Stuben, sorgen für die Küche, locken Säufer und leichtfertige Frauenzimmer an, denen sie etwas Speise umsonst vorsetzen, damit sie dann um so mehr trinken. Die unteren Schichten denken nur an den Magen und verbrauchen, was sie die Woche über verdienen, am Feiertag bis auf den letzten Groschen. Ein lockeres, schlampiges Volk!

Man lebt ohne ein aufgezeichnetes Stadtrecht. Die Leute sagen, sie hielten sich an das gute alte Recht. Aber die Gerichte sind käuflich. Wer es sich leisten kann, geht straflos aus. Nur mit den Ärmeren und denen ohne Beziehungen gehen die Gerichte streng um. Öffentlich abgelegte Eide werden allerdings immer eingehalten. Leute, die auf Zeit Geld verleihen, geben bei Terminüberschreitung eine höhere Schuldsumme an und schädigen dadurch den Entleiher. . . . Gestohlene Gegenstände, die bei einem Dieb gefunden werden, fallen an den Richter. Die Festtage werden mit wenig Andacht gefeiert. Fleisch wird sogar an Festtagen verkauft, und die Fuhrleute arbeiten dann gleichfalls. In Österreich gibt es noch viele Städte, doch keine so bedeutende."

Enea Silvio Piccolomini, Briefe, übersetzt von M. Mell, Das Zeitalter der Renaissance I, 3 S. 48 (1911) – mit einigen kleineren Kürzungen und Verbesserungen.

Erläuterung:
Wien wurde erst 1469 selbst Bischofsstadt. Die Universität wurde 1365 gegründet. Papst Urban VI.: 1378–1389. Die Einwohnerzahl wird wesentlich zu hoch geschätzt. Die Bevölkerungsstatistik auf Grund der Teilnehmer am österlichen Abendmahl war damals weit verbreitet.

Arbeitsauftrag:

Was hat den Italiener besonders beeindruckt?

Stellen Sie die für die mittelalterliche Stadt bezeichnenden Eigentümlichkeiten zusammen!

Vergleichen Sie diesen Text mit einer heutigen Beschreibung von Wien (z. B. Merianheft, Lexikon, Reiseprospekt)!

6. Fernhandel und Städtebünde

Q 6.1 *Eine Einkaufsliste des Spätmittelalters*

Im Jahr 1495 erwarb der Nürnberger Paul Mulich, der später Lübecker Bürger wurde, für einen dortigen Auftraggeber eine Warensendung auf der Frankfurter Fastenmesse, über die er in einem erhaltenen Einkaufsbüchlein Rechenschaft ablegte. Leider enthält die Liste zumeist keine Stückzahlen oder Maßangaben, sondern nur den Gesamtpreis in Rheinischen Gulden. Bei der Unterschiedlichkeit der Artikel läßt sich die Kaufkraft schwer angeben. Nur als grober Annäherungswert mag für 1495 die Relation 1 rh. fl. = ca. 160 DM (Kaufkraft 1975) gelten

„1.	Goldsamt	94 rh. fl.
2.	Goldborte, teilweise gemustert	194 rh. fl.
3.	Karmesin-Samt, geblümt und ungeblümt	155 rh. fl.
4.	Mailänder Samt, rot, geblümt und ungeblümt	243 rh. fl.
5.	Mailänder Samt, schwarz, geblümt und ungeblümt	201 rh. fl.
6.	Mailänder Samt, grün, geblümt und ungeblümt	39 rh. fl.
7.	Mailänder Samt, braun, geblümt und ungeblümt	41 rh. fl.
8.	Mailänder Samt, blau, geblümt und ungeblümt	89 rh. fl.
9.	Mailänder Samt, andere Farben, geblümt und ungeblümt	45 rh. fl.
10.	Genueser Samt, rot, geblümt und ungeblümt	167 rh. fl.
11.	Genueser Samt, schwarz, geblümt und ungeblümt	171 rh. fl.
12.	Genueser Samt, grün, geblümt und ungeblümt	63 rh. fl.
13.	Genueser Samt, blau, geblümt und ungeblümt	80 rh. fl.
14.	Genueser Samt, gelb, geblümt und ungeblümt	26 rh. fl.
15.	Genueser Samt, weiß, geblümt und ungeblümt	8 rh. fl.
16.	Schamlot in verschiedenen Farben [Stoffart]	75 rh. fl.
17.	Gold und Silber in gegossenen Unzen	178 rh. fl.
18.	Augsburger Barchent, gefärbt und ungefärbt	12 rh. fl.
19.	Papier in verschiedenen Formaten	116 rh. fl.
20.	Pfeffer	190 rh. fl.
21.	Ingwer in der normalen Qualität	103 rh. fl.
22.	Kümmel	22 rh. fl.
23.	Goldene Broschen und Spangen	945 rh. fl.
24.	Goldene Ringe in verschiedenen Größen	326 rh. fl.
25.	Goldene Ketten, Kreuze, Gehänge und Halsbänder	146 rh. fl.
26.	Silberwaren, vor allem Becher	622 rh. fl.
27.	Perlen, groß und klein	1002 rh. fl.
28.	geläutertes Silber	1481 rh. fl.
29.	Quecksilber	36 rh. fl.
30.	Panzer	228 rh. fl.
31.	Harnische	236 rh. fl.
32.	Kreuze und Borten aus gezogenem Gold	36 rh. fl.
33.	Schmuckfedern	41 rh. fl.
34.	Kredenzmesser	9 rh. fl.
35.	Stameten-Tuch (Mailänder Leinen-Woll-Mischgewebe)	76 rh. fl.
36.	Draht und Messing	139 rh. fl.
37.	Brasilholz (hinterind. Naturfarbe für Textilien)	20 rh. fl.
Summe		7655 rh. fl.

F. Rörig, Das Einkaufsbüchlein des Nürnberg–Lübeckers Mulich auf der Frankfurter Fastenmesse des Jahres 1495, in: F. R., Wirtschaftskräfte im Mittelalter S. 288 ff. (1959, erstmals 1931)

Erläuterung:
Paul Mulich kaufte bei der gleichen Gelegenheit auf eigene Rechnung für mindestens 1530 rh. fl. und ließ auch diese nach Lübeck schaffen. Er erwarb allerdings außer Papier (für 200 rh. fl.) ausschließlich Textilien, darunter auch Futterseide, Zwillich, „dünnduchere“ (leichte Kopftücher) und den weniger gesuchten Ulmer Barchent. –

Bei einigen Artikeln ist die Herkunft angegeben: Artikel 3, 4, 5, 7, 9, 11, 12, 13, 14, 15:
Peter von Watt, angesehener Nürnberger Kaufmann aus dem Patriziat, zunächst bes. im osteuropäischen Wachs-Import tätig, seit 1486 hauptsächlich als Importeur aus Italien. Er gehörte der großen Diesbach-Watt-Handelsgesellschaft an, deren Hauptsitz St. Gallen war.

Artikel 4, 5, 6, 8, 17:
Jörg Fütterer, ebenfalls aus Nürnberger Patriziergeschlecht. Importeur von Tuchen aus Mailand und Genua, aber auch von Münzgold über Mailand. Von Frankfurt aus handelte er bis Calais, wo er große Posten englischer Wolle kaufte, später auch in Leipzig.

Artikel 10, 11, 27:
Große Ravensburger Handelsgesellschaft, zwischen 1380 und 1530 zeitweilig wohl das wichtigste süddeutsche Handelsunternehmen mit 21 Faktoreien im In- und Ausland.

Artikel 28:
Georg Fugger, der 2. Sohn Jakob Fuggers d. Ä., bedeutender Importeur italienischer Tuche, seit 1486 Leiter der Nürnberger Faktorei der Fugger. Das Silber kam zweifellos aus den Tiroler Erzbergwerken, die das Haus Fugger im Auftrag Siegmunds des Münzreichen ausbeutete. Die große Silbermenge war mit Sicherheit für eine Münzstätte bestimmt. wahrscheinlich für die Lübecker Stadtmünze.

Artikel 19:
von „einem Walchen“ – also italienisches Papier.

Artikel 16, 23:
Wolf Stammler aus Augsburg, dessen Familie 1505 bankrott machte, weil sie über ihre Verhältnisse lebte.

Artikel 23, 24, 25, 27:
Kunz Cristan, reicher Nürnberger Goldschmied, der zugleich als Großhändler in Seefischen tätig war.

Arbeitsauftrag:

Wie vollzog sich der Fernhandel?

Welche Konsumentengruppe hatte der Auftraggeber Mulichs im Auge?

Auf welchen Kundenkreis waren die Einkäufe Mulichs in eigener Rechnung bezogen, der damit in der Stadt Lübeck die Eröffnung einer eigenen Handlung anstrebte?

Vergleichen Sie die eingekauften Textilien mit Bildern aus gleicher Zeit.

Q 6.2 *Fritz Rörig, Die Wirtschaftsverflechtung der mittelalterlichen Stadt*

„Die wirkliche Stadtwirtschaft des Mittelalters, die eben etwas grundsätzlich Anderes ist als die der herrschenden Theorie, spaltet sich ... in jenen ... Dualismus auf: Hie Maßnahmen zugunsten des kleinen Mannes in der Stadt, hie solche zugunsten des Fernhandels. ... Der eigentliche Lebensnerv der gesunden mittelalterlichen Stadt von Rang ist der Fernhandel, sein Betätigungsfeld nicht die nähere Umgebung der Stadt, sondern die Welt, der in ihm rege Geist nicht Kirchturmpolitik, sondern Denken in weiten Räumen. „Eng wohnen, weit denken“, das gilt jedenfalls für die führenden Schichten der Städte. ... Seele und Träger der mittelalterlichen Weltwirtschaft ist der Kaufmann, nicht etwa der Produzent. ... Die Möglichkeit einer rein weltwirtschaftlichen Einstellung des Fernhandels war um so leichter gegeben, als es so etwas wie Volkswirtschaften noch nicht gab. Schon aus diesem Gesichtspunkt heraus wird sofort klar, wie falsch etwa die Stufenfolge: Stadtwirtschaft, (Territorialwirtschaft) Volkswirtschaft, Weltwirtschaft sein müßte. Die wirkliche Stadtwirtschaft des Mittelalters war zugleich auch immer Weltwirtschaft; als sich (Territorialwirtschaften, zumal solche merkantilistischen Charakters, und) Volkswirtschaften bildeten, war es mit der Weltwirtschaft zunächst einmal vorbei.“

F. Rörig, Mittelalterliche Weltwirtschaft (1933), Neudruck in: ders., Wirtschaftskräfte im Mittelalter, 1959, S. 374 ff.

Arbeitsauftrag:

Wie bewertet Rörig die Rolle des mittelalterlichen Fernkaufmanns?

Mit welchem Recht spricht er von „mittelalterlicher Weltwirtschaft“?

Welcher Gedanke liegt der Lehre von einer Stufenfolge wirtschaftlicher Verflechtung zugrunde, die Rörig bekämpft?

Q 6.3 *Drei Kartenskizzen zur Wirtschaftsverflechtung*

a) Herkunft wichtiger um 1470 im Fernhandel umgesetzter Rohprodukte

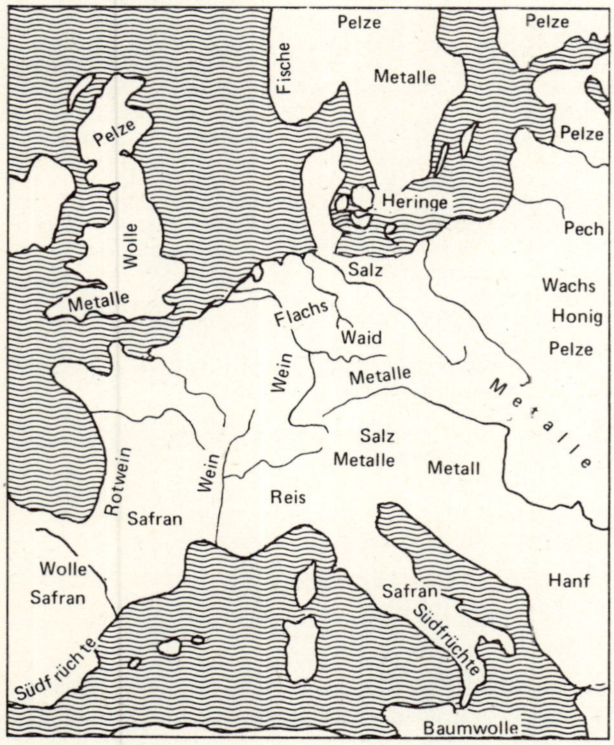

b) Produktionsräume ausgewählter gewerblicher Exportartikel um 1470

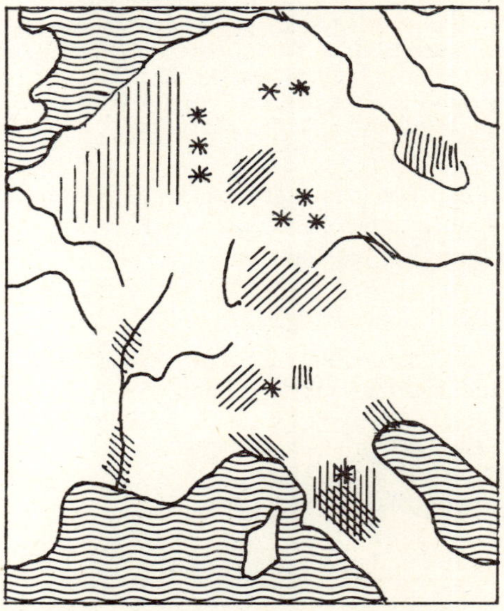

Wollstoffe

Seidenstoffe

Leinenstoffe (einschl. Barchent)

Metallwaren

c) Zentrale und Faktoreien der Großen Ravensburger Handelsgesellschaft um 1460

Arbeitsauftrag:

Machen Sie Aussagen über das Verhältnis von Rohproduktion, gewerblicher Verarbeitung und kaufmännischer Aktivität.

Q 6.4 *Die Entstehung des Rheinischen Städtebundes von 1254*

Unter den frühen Städtebünden des deutschen Mittelalters war am mächtigsten der große Rheinische Städtebund von 1254, der in den wirren Zeiten des Interregnums zeitweilig eine ganz erhebliche politische Bedeutung gewann. Über seine Entstehung erfährt man aus einer Wormser Chronik, die zwar erst dem 16. Jahrhundert entstammt, aber auf einer reichen, älteren Überlieferung fußt:

„Damals stand es in Deutschland, vornehmlich am Rhein, so, daß, wer der Stärkere war, den andern in den Sack schob, wie er nur konnte und mochte. Die Ritter und Adligen nährten sich aus dem Sattel, mordeten, wen sie konnten, verlegten und sperrten die Straßen und die Pässe und stellten denen gewaltig nach, die ihres Berufs wegen über Land ziehen mußten. Damals richteten zudem etliche Fürsten neue Zollstätten am Rhein auf. Das arme Volk wurde mit übermäßigen und unrechtmäßigen Steuern schwer belastet und bedrängt.

Weil sonst keine Hilfe zu erwarten war, verbündeten sich sechzig am Rhein gelegene Städte nach dem Beispiel von Worms, Mainz und Oppenheim, um einander in allen Nöten beizustehen. Zu diesem Bund schlug sich dann auch Pfalzgraf Ludwig (bei Rhein), dessen Schwester König Konrad geheiratet hatte.

Sie vereinigten sich in ihren Kriegsrüstungen, beseitigten die Zölle, die am Rhein erhoben wurden, rissen die Raubschlösser ein, schleiften sie und vertrieben die Mörder und Straßenräuber aus dem Land. Als ihnen das glücklich gelungen war, schickten sie zu den benachbarten Fürsten und Edelherren, den Erzbischöfen von Mainz, Köln und Trier, den Bischöfen von Worms, Straßburg, Basel und Metz und allen anderen. Sie sandten Boten und kamen in Mainz zusammen und beschworen einen zehnjährigen Landfrieden. So entstand durch das Beispiel von Worms und Mainz wieder Friede und Ehrbarkeit im ganzen Land."

Friedrich Zorn, Wormser Chronik, hrsg. von W. Arnold (1857); nach Rudolf Weirich und Gerhart Bürck, Grundzüge der Geschichte 1 (1972)

Arbeitsauftrag:

Welche Intentionen lassen sich erkennen, die 1254 zum Zusammenschluß der Städte führten?

Welche Lebensbereiche sollen geregelt werden?

Gegen wen richten sich die Maßnahmen?

Q 6.5 *Aus den ältesten Hanse-Recessen (Wismar 1260–1265)*

Auf den „Hanse-Tagen" traf man verpflichtende Absprachen, sog. „Abschiede", was lateinisch nicht ganz passend mit „recessus" wiedergegeben wurde (Abschied im Sinn von Abscheiden, Sterben). Schon in den ältesten dieser kurzen Bundesbeschlüsse wird das Wesensprinzip der Hanse deutlich. Die beiden frühesten Hanse-Recesse wurden in Wismar vereinbart, der erste zwischen 1260 und 1264, der zweite 1265.

„Wir wollen zu eurer Kenntnis bringen, was die Weisheit bewährter Männer nach sorgfältiger Beratung zu Nutz und Hilfe aller Kaufleute festgesetzt hat, die sich des Lübischen Rechtes erfreuen und durch dieses Recht regiert werden.

1. Zuvorderst, daß jede Stadt das Meer nach bestem Vermögen gegen Piraten und andere Übeltäter verteidigen soll, so daß die Seekaufleute ihre Kauffahrten frei durchführen können.

2. Ferner, wenn jemand wegen seiner Verbrechen aus einer Stadt vertrieben wurde, daß er dann nicht von einer anderen Stadt aufgenommen wird. . . .

4. Auch daß kein Kaufmann einen anderen käuflich als Leibeigenen erwerben darf, wenn dieser gefangen genommen wurde, oder von einem Dritten wegen seiner Schulden in Empfang nehmen. Wenn einer dies dennoch tun sollte, verliert er sein Haus in allen Orten, in denen Lübisches Recht gilt.

6. Ferner, wenn ein Fürst eine Stadt mit Krieg überzieht, soll keine andere Stadt ihm dabei behilflich sein, jener Stadt Schaden zufügen, ausgenommen den Fall, daß es sich um den eigenen Stadtherrn handelt.

7. Ferner, wenn im Land Krieg herrscht, soll keine Stadt dem Bürger eines anderen Bundesortes deswegen an Leib und Habe Schaden zufügen, sondern ihm im Gegenteil förderlich sein.

8. Ferner, wenn ein Bürger in einer anderen dieser Städte ein Weib nimmt, und seine erste Frau kommt dazu und beansprucht ihn und kann das durch Zeugen beweisen, daß er von Rechts wegen ihr gehört, wird er enthauptet. . . .

Diese Übereinkunft hat ein Jahr Gültigkeit, und was danach geschehen soll, wird eine Stadt der anderen brieflich mitteilen. Gegeben am Johannistag zu Wismar.

[Aus dem zweiten Receß]

2. Ferner daß wir jedes Jahr einmal zum Nutzen der Städte zusammenkommen wollen, wo es beschlossen wurde.

5. Ferner, wenn sich Piraten auf dem Meer zusammenrotten, sollen alle Städte gemäß ihrer Beisteuerquote gegen sie rüsten, um sie zu vernichten."

Keutgen Nr. 430 nach K. Koppmann, Die Recesse und anderen Akten der Hansetage 1 (1870)

Arbeitsauftrag:

Welche Zielsetzung der Hanse wird aus den Recessen deutlich?

Was läßt sich über die rechtliche Stellung der einzelnen Hansestädte entnehmen?

Q 6.6 *Produktionslenkung im Montanbereich Die „Hammer-Einung" zwischen Amberg und Sulzbach von 1387*

Die Oberpfalz war im Spätmittelalter einer der führenden Montandistrikte Europas. Der Erzbergbau und die Eisenverhüttung ließen vor allem die Städte Amberg und Sulzbach aufblühen. 1387 wurde ein Vertrag zwischen Amberg und Sulzbach zwecks Produktionsbegrenzung abgeschlossen, der die Probleme im spätmittelalterlichen Montangewerbe widerspiegelt. Der umfängliche Text wird in Kurzform wiedergegeben.

A. Maßnahmen zur Reduzierung der zu hohen Kapazität in der Eisenindustrie

a) Die Errichtung von neuen Schienhämmern [Hammerwerken zur Erzeugung handelsüblichen Roheisens in Stangen-, Barren- oder Schienenform] wird auf die Dauer von vier Jahren verboten.
b) Feinblechhämmer dürfen nicht in Schienhämmer umgebaut werden.
c) Seit 1386 nicht mehr arbeitende Schienhämmer dürfen nicht mehr in Gang gesetzt werden. Hämmer dürfen nur arbeiten, wenn sie sich der Einung anschließen.
d) Die jährliche Arbeitszeit beträgt für jeden Schienhammer höchstens 40 Wochen.
e) Ein Schienhammer darf nur so viel Eisen verarbeiten, wie der zugehörige Schmelzherd verhüttet.

B. Maßnahmen zur Erzwingung eines Produktionsmonopols

a) Wenn ein Schienhammerwerk bis zu gesetzter Frist der Einung nicht beitritt, erhält es von den Bergwerken in Amberg und Sulzbach kein Erz mehr.
b) Errichtet ein Bürger aus Amberg oder Sulzbach ein neues Eisenbergwerk, so muß er der Einung beitreten.
c) Kein bergbautreibendes Mitglied der Einung darf Erz an auswärtige Hütten und Schienhammerwerke abgeben.
d) Schienhämmer, die in Betrieb sind, dürfen nur an Mitglieder der Einung verkauft werden.

C. Maßnahmen zur Sicherung der Qualität

a) 12 in den Schienhammerwerken geschmiedete Eisenschienen müssen auf einen Amberger Zentner gehen.
b) Jeder Schienhammer muß sein Firmenzeichen auf seinen Erzeugnissen anbringen.

D. Bestimmungen über Arbeitsverpflichtung, Löhne und Urlaub

a) Die Dienstverpflichtung von Schmiede- und Hammerleuten erfolgt jeweils am 7. Januar auf Jahresfrist.
b) Wenn einem Mitglied der Einigung Arbeiter entlaufen und ein anderes Mitglied stellt sie ein, so hat dieses jeweils 20 Gulden Strafgeld zu zahlen.
c) Während der Weihnachts-, Oster- und Pfingsttage ruht überall in den Bergwerken, Hüttenbetrieben und Hammerwerken die Arbeit. Diese Ferien werden bezahlt.
d) Die Entlohnung besteht aus einem festen Jahres- und einem jeweiligen Stücklohn; ihre Höhe richtet sich nach dem „Stand" [Vorbildung, spezielle Arbeit] des Arbeiters.
e) Zusätzlich erhalten die Arbeiter ein Stück landwirtschaftlich nutzbaren Boden „zu Rüben und zu Kraut". Wird ihnen dieses vorenthalten, zahlt der Unternehmer [Hammermeister usw.] eine Strafsumme.

E. Sonstige Bestimmungen

a) Die vertragsschließenden Städte haben das Recht zur gegenseitigen Kontrolle.
b) Allen lohnempfangenden Schmiede- und Hammerleuten ist es verboten, sich zu versammeln. Wenn sie sich gegen das Gebot zusammenrotten, wird ihnen von Seiten der Städte, der Unternehmer, Erzkaufleute und Hammermeister weder Unterkunft noch Verpflegung gewährt.

Wiedergabe der Kurzform teilweise nach F. M. Ress, Geschichte und wirtschaftliche Bedeutung der oberpfälzischen Eisenindustrie von den Anfängen bis zur Zeit des 30-jährigen Krieges, in: Verhandlungen des Historischen Vereins von Oberpfalz und Regensburg 91 (1950) S. 29 ff.

Arbeitsauftrag:

Welche Absichten werden mit dieser Einung verfolgt? Auf welche Gebiete erstrecken sie sich?

Vergleichen Sie die Bestimmungen der Einung mit Zielsetzungen der heutigen nationalen und internationalen Wirtschafts- und Sozialpolitik!

Schmiede mit Wasserradantrieb, Holzschnitt aus Spechtshart: „Flores musicae" (Kostbarkeiten der Musik), Straßburg 1488

7. Krone, Fürsten, Städtewesen

Q 7.1 *Aus den Fürstenprivilegien Friedrichs II.*

Die Staufer haben die Entwicklung des Städtewesens in Deutschland nachhaltig gefördert. Im Gegensatz dazu stehen einige Bestimmungen in den zwei berühmten Fürstenprivilegien Friedrichs II. – der „confoederatio" von 1220, mit welcher der Herrscher den Kaufpreis für die Königswahl seines noch minderjährigen Sohnes Heinrich (VII.) an die geistlichen Fürsten entrichtete, und dem „statutum in favorem principum" von 1232, mit dem Friedrich eine Urkunde seines Sohnes bestätigte, welche die Fürsten Heinrich beim Scheitern seiner fürstenfeindlichen Politik abgerungen hatten.

a) Aus der „Confoederatio cum principibus ecclesiasticis" von 1220

„§ 3. Wir werden Leute, die ihnen [den geistlichen Fürsten] in irgendeiner Form der Knechtschaft zugehörig sind, nicht zu ihrem Nachteil in unsere Städte aufnehmen, aus welchem Grund auch immer sie sich ihren Diensten entziehen wollen. Wir wollen, daß dies auch von ihnen untereinander und von den Laienfürsten beachtet wird. . . .

§ 9. Ferner setzen wir fest, daß keine Gebäude – seien es Burgen oder ganze Städte – auf kirchlichem Boden errichtet werden dürfen – sei es nun aus Anlaß der vogteilichen Gewalt oder unter irgend einem anderen Vorwand. Wenn aber zufällig dergleichen gegen den Willen der Grundherren errichtet worden ist, soll es kraft königlicher Vollmacht zerstört werden.

§ 10. Ferner verbieten wir nach dem Vorbild unseres Großvaters seligen Angedenkens, nämlich des Kaisers Friedrich, daß einer von unseren Beamten in den Städten dieser Fürsten die Gerichtsbarkeit in Zoll-, Münz- oder anderer öffentlicher Angelegenheit beansprucht, ausgenommen eine Woche vor und eine Woche nach einem feierlich dort angesetzten Reichstag. . . ."

b) Aus dem „Statutum in favorem principum" von 1232

§ 2. Neuerrichtete Märkte dürfen die alten keinesfalls schädigen.

§ 3. Niemand darf gegen seinen Willen gezwungen werden, einen [bestimmten] Markt zu besuchen.

§ 5. In unseren neuen Städten wird die Bannmeile abgeschafft. . . .

§ 10. Jene Bürger, die man Pfahlbürger nennt, müssen vertrieben werden. . . .

§ 12. Eigenleute von Fürsten, Adligen, Ministerialen oder Kirchen dürfen in unsere Städte fortan nicht mehr aufgenommen werden.

§ 13. Der Besitz und die Lehen von Fürsten, Adligen, Ministerialen und Kirchen, die von unseren Städten beschlagnahmt worden sind, sind zurückzugeben und fortan nicht wieder in Beschlag zu nehmen. . . .

§ 16. In unsere Städte darf keiner wissentlich aufgenommen werden, der vom Landrichter verurteilt oder geächtet wurde; wer dessen überführt wurde, ist aus ihnen zu vertreiben. . . .

§ 18. Unsere Städte dürfen ihre Gerichtsbarkeit nicht über die Stadtgrenze hinaus ausdehnen, wenn nicht die Gerichtsbarkeit im Umland uns zusteht. . . .

§ 21. Zu den Gemeinschaftsarbeiten der Städte darf niemand gezwungen werden, wenn er nicht von Rechts wegen dazu verpflichtet ist.

§ 22. Die Menschen, welche in unseren Städten leben, müssen ihre gewohnten und geschuldeten Leistungen bezüglich Gütern außerhalb der Stadt ihren Herren oder Vögten erbringen, sollen aber nicht durch unangemessene Besteuerungen belastet werden . . ."

Mon. Germ. hist., Const. 2, Nr. 73 und 171

Arbeitsauftrag:

Worauf zielen die Bestimmungen ab?

Wie dürfte sich in der Realität demnach das Verhältnis von Königtum, Fürsten und Städten gestaltet haben?

Informieren Sie sich über die Entstehung von Gelnhausen und Wimpfen und vergleichen Sie den Gründungsvorgang mit diesem Text.

Vergleichen Sie den Text mit Q 3.7.

Q 7.2 *Die Verpfändung einer Reichsstadt 1278*

Seit dem Interregnum (1250–1273) waren die Reichsfinanzen stark zerrüttet. Ausgerechnet jetzt aber gründete sich die allgemeine Wirtschaftsordnung immer stärker auf flüssiges Kapital. Nach einer Phase vorherrschender Natural-Tauschwirtschaft war man endgültig in die Epoche der überwiegenden Geldwirtschaft eingetreten. So beschritt die Krone allzu gern den Weg, bei augenblicklichen Geldnöten Reichsstädte zu verpfänden. Die Orte mußten dabei selbst die Auslösesummen aufbringen; zahlreiche kamen auf dem Weg über eine verfallene Reichspfandschaft auf Dauer unter fürstliche Herrschaft. Ein mitteldeutsches Beispiel ist die Verpfändung der Reichsstadt Mühlhausen in Thüringen an den Wettiner Albert von Meißen 1278:

„Wir Albert, von Gottes Gnaden Landgraf von Thüringen und Pfalzgraf von Sachsen, bekunden hiermit öffentlich, daß die erlauchten Fürsten Herzog Albrecht von Braunschweig und Herzog Albrecht von Sachsen sowie der fromme Bruder Berengar vom Johanniterorden im Namen des ruhmreichsten Römischen Königs Rudolf zu uns kamen. Sie hatten von ihm den Auftrag erhalten und bewiesen dies durch öffentliche Dokumente, uns und unseren Erben die Stadt Mühlhausen für 2600 Mark Silber bereitwilligst zu verpfänden, und zwar deshalb weil wir uns im Dienst des Reiches zuvorkommend und treu erwiesen hatten. . . . Die Bedingungen aber, zu welchen die Bürger besagter Stadt Mühlhausen uns getreulich verpflichtet wurden – jedoch ohne Ablegung eines Treueides – sind diese: Jedes Jahr zahlen sie uns die Reichseinkünfte, welche 76 Mark Silber betragen. Und zusätzlich werden sie uns ganz freiwillig jährlich 54 Mark Silber entrichten, damit wir alle Einwohner jener Stadt – die Christen wie die Juden und alle sich im Gebiet der Stadt Aufhaltenden – von aller Besteuerung, Beitreibung, dem

Spanndienst und der Heerfolgepflicht im Namen des Römischen Königs und in unserem eigenen Namen befreien. . . .“

K. Herquet, Urkundenbuch der Stadt Mühlhausen (1874) Nr. 268; Quellen zur älteren Geschichte des Städtewesens in Mitteldeutschland 1 (1949) Nr. 47 a

Arbeitsauftrag:

Wieviele Jahre hätte die Verpfändung gedauert, wenn sie nicht 1307 durch vermehrte Finanzanstrengungen der Bürgerschaft vorzeitig beendet worden wäre?

Wieviele „freiwillige Entrichtungen“ hätte der Landgraf in dieser Zeit kassiert?

Wieviel mußten die Bürger dem Landgrafen und seinem Rechtsnachfolger als Pfandherr (denn er verpfändete Mühlhausen 1287 weiter an den Erzbischof von Mainz) an solchen „freiwilligen Entrichtungen“ im ganzen bis 1307 bezahlen?

Q 7.3 *Empfang des neuen Landesfürsten in einer Residenzstadt Aus der Landshuter Ratschronik*

Die Mehrzahl der deutschen Städte des Spätmittelalters war nicht frei und reichsunmittelbar, sondern unterstand fürstlicher Herrschaft. Eine besondere Gruppe unter ihnen bildeten die Residenzstädte. 1467 wurde der soeben mündig erklärte Herzog Georg von Bayern in Landshut eingeholt; die Ratschronik berichtet:

„In dem angeführten Jahr ist am Mittwoch vor dem St. Martins-Tag (4. Nov.) unser gnädiger Herr Herzog Georg zusammen mit seinem Vater, unserem gnädigen Herrn Herzog Ludwig, erstmals hier in Landshut eingeritten . . . Man hat Seine Gnaden löblich und würdig mit einer Prozession empfangen, an der beide Pfarrer und die Insassen der zwei Klöster teilnahmen, jeder Priester in vollem Ornat und unter Mitführung der heiligen Reliquien. An dieser Prozession beteiligten sich auch die Bürgerinnen von edlem Stand und die anderen Frauen, der ehrsame Rat und alle Zünfte mit den gleichen Kerzen, die sie sonst bei Fronleichnam mitführen. Jeder trug an seiner Kerze – wie auch alle Schulkinder – ein kleines Fähnlein von Bayern. Und so empfingen sie den genannten jungen Fürsten mit Posaunen und Pfeifen in gebührender Form demütig als jungen Erbfürsten und zukünftigen Landesherrn. Der Fürst folgte der Prozession zu Roß in die Stadt bis zur Pfarrkirche St. Martin, wo man zu Orgelspiel das „Großer Gott, wir loben dich“ sang.
Am Donnerstagabend, dem folgenden Tag, begaben sich meine Herren, die sechs vom Rat, zu Seinen Gnaden in das Harnischhaus [am Lendtor, im 15. Jahrhundert als herzogliche Stadtresidenz dienend], und schenkten in Gegenwart Seiner Gnaden, unseres Herrn und seines Vaters, Seinen Gnaden einen goldenden Pokal mit Deckel, der 80 rheinische Gulden gekostet hatte, und empfahlen sich damit Seiner Gnaden als ihrem gnädigen Erbherrn und baten um sein Wohlwollen . . . Das sagte er ihnen huldreich zu und gab jedem von ihnen die Hand, ebenso wie Seine Gnaden, sein Herr Vater. Und so wurden sie in Gnaden entlassen“.

Deutsche Städtechroniken 15, Regensburg, Landshut, Mühldorf, München (1878) S. 315 f.

Arbeitsauftrag:

Welche Gruppen der Bevölkerung beteiligen sich an den Einzugsfeierlichkeiten?

Welche Haltung nehmen die Repräsentanten der Stadt gegenüber dem Fürsten ein?

Q 7.4 *a) Liste der freien und der Reichsstädte aus der Reichsmatrikel von 1521*

Im Mai 1521 wurde auf dem Wormser Reichstag eine Matrikel beraten und beschlossen, auf Grund derer die einzelnen Reichsstände von den Kurfürsten bis zur letzten Reichsstadt ihre Beiträge zum geplanten Romzug Karls V. und für den Unterhalt von Reichsregiment und Reichskammergericht leisten sollten. Für den Romzug sollten Truppen gestellt werden, getrennt vermerkt nach Reitern und Fußsoldaten. Die finanziellen Verpflichtungen wurden in Gulden angesetzt. Den Schluß der langen Liste bilden die 85 „Frei- und Reichsstett“. Dies ist das am genauesten redigierte derartige Verzeichnis.

Stadt	*Reiter*	*Fußsoldaten*	*fl*
1. Regensburg	20	112	120
2. Nürnberg	40	250	600
3. Rothenburg/Tauber	10	90	180
4. Weißenburg/Sand	4	18	50
5. Donauwörth	4	36	90
6. Windsheim	4	36	180
7. Schweinfurt	5	36	120
8. Wimpfen	3	13	130
9. Heilbronn	6	60	240
10. Schwäbisch Hall	10	80	325
11. Nördlingen	10	80	325
12. Dinkelsbühl	5	58	240
13. Ulm	29	150	600
14. Augsburg	25	150	500
15. Giengen	2	13	60
16. Bopfingen	1	9	50
17. Aalen	2	18	70
18. Schwäbisch Gmünd	5	45	150
19. Esslingen	10	67	325
20. Reutlingen	6	55	180
21. Weil der Stadt	2	18	120
22. Pfullendorf	3	40	75
23. Kaufbeuren	4	68	90
24. Überlingen	10	78	325
25. Wangen	2	18	110
26. Isny	4	22	100
27. Leutkirch	2	18	90
28. Memmingen	10	67	325
29. Kempten	3	36	120
30. Buchhorn (heute Friedrichshafen)	–	10	60
31. Ravensburg	4	67	180
32. Biberach	6	55	180
33. Lindau	6	72	200
34. Konstanz	6	22	125
35. Basel	10	180	325
36. Straßburg	40	225	550
37. Kaysersberg/Elsaß	3	18	60
38. Colmar	5	39	180
39. Schlettstadt	7	58	180
40. Mülhausen/Elsaß	6	27	120
41. Rottweil	3	122	180
42. Hagenau	8	36	180
43. Weißenburg/Elsaß	2	22	125

Stadt	Reiter	Fuß-soldaten	fl
44. Oberehnheim/Elsaß	3	31	110
45. Rosheim/Elsaß	1	9	60
46. Speyer	3	99	325
47. Worms	10	78	325
48. Frankfurt	20	140	500
49. Friedberg	–	22	90
50. Gelnhausen	3	31	70
51. Wetzlar	–	31	40
52. Köln	30	322	600
53. Aachen	20	90	260
54. Metz	40	250	500
55. Toul	7	61	120
56. Verdun	10	45	120
57. Offenburg/Baden[a)]	–	45	150
58. Landau/Pfalz	2	22	100
59. Gengenbach/Baden[b)]	–	36	–
60. Zell/Baden[b)]	–	22	–
61. Schaffhausen	7	45	90
62. Saarbrücken	2	9	120
63. Besançon	7	58	180
64. Lübeck	21	177	550
65. Hamburg	20	120	325
66. Dortmund	20	100	180
67. Wesel	5	50	180
68. Mühlhausen/Thür.	–	78	180
69. Nordhausen/Harz	–	78	180
70. Goslar	–	130	205
71. Soest	20	120	240
72. Brakel Krs. Höxter	7	58	60
73. Warburg	3	22	60
74. Lemgo	4	22	60
75. Türkheim/Elsaß	1	9	60
76. Verden	–	15	60
77. Münster/Elsaß	–	–	60
78. Düren	3	20	120
79. Herford	1	13	60
80. Cambrai	2	18	280
81. Duisburg	2	18	120
82. Danzig	–	165	350
83. Elbing	–	82	120
84. Sankt Gallen	–	57	180
85. Göttingen	–	–	120

Reichstagsakten, Jüngere Reihe 2, Nr. 56 (1896) = Zeumer, Quellensammlung zur Geschichte der deutschen Reichsverfassung Nr. 181 (1913)

Erläuterung:
a) Finanzanschlag gemeinsam mit 59. Gengenbach und 60. Zell.
b) Finanzanschlag gemeinsam mit 57. Offenburg – Der Anschlag Ulm erscheint zu hoch, namentlich verglichen mit Augsburg.

Arbeitsauftrag:

Ordnen Sie die Städte nach Landschaften.

Ordnen Sie die Städte nach veranschlagter Wehr- und Wirtschaftskraft.

b) Ergänzung zur Liste der Reichsstädte aus der Reichsmatrikel von 1521

Um den Stellenwert der Städte im Reichsganzen deutlich zu machen, sollen hier die übrigen Reichsstände der Matrikel von 1521 – jeweils zusammengefaßt nach Reichstags-Bank, Zahl und Leistung – aufgeführt werden. Dabei ist zu beachten, daß im Reichstag die Tendenz bestand, die Städte stärker materiell zu belasten, als es ihrer (stark sinkenden) politischen Bedeutung entsprach.

Reichsstände		*Reiter*	*Fußsoldaten*	*Geldbetrag in fl.*
7 Kurfürsten	zusammen	760	2262	3600
50 Erzbischöfe und Bischöfe	zusammen	822	3605	7010
31 weltliche Fürsten	zusammen	1164	5255	10120
64 Reichsäbte und Reichspröbste	zusammen	183	1090	6370
13 Reichsäbtissinnen	zusammen	11	128	840
4 Deutschordensballeien	zusammen	12	52	1200
128 Reichsgrafen und Edelherren	zusammen	438	1922	6654
im Vergleich dazu:				
85 Reichs- und freie Städte	zusammen	607	4534	16045

Arbeitsauftrag:

Machen Sie Aussagen über die politische, wirtschaftliche und militärische Situation der Reichsstände!

Wie spiegelt sich die Struktur des Reiches wider?

Welche Rolle spielen dabei die Städte?

Q 7.5 *Hans Burgkmair, Auszug des städtischen Aufgebotes*

Ausschnitt aus einem Holzschnitt zu Kaiser Maximilians I., „Weißkunig", hrsg. von Th. Musper, Bd. II, Tafel 169, Stuttgart 1956.

Arbeitsauftrag:

Konfrontieren Sie dieses Idealbild einer spätmittelalterlichen Stadt mit unserem heutigen Begriff „Bürgerlichkeit".
Welche Aspekte stehen dabei jeweils im Vordergrund?
Vergleichen Sie damit die Aussagen des folgenden Textes von Rörig.

Q 7.6 *Fritz Rörig, Verlust der städtischen Autonomie*

„Jener ganz eigenartige Zustand, daß die deutschen Städte bei niedergehender Königsmacht zunächst so gut wie ungebunden durch irgendeine flächenmäßig abgeschlossene Staatlichkeit sich entwickeln konnten, war nicht von Dauer und konnte nicht von Dauer sein. . . . Selbstverständlich mußte es auch in Deutschland zur Bildung von Flächenstaaten kommen; selbstverständlich mußten die Städte entweder ihnen ebenso eingefügt werden, wie sie in England oder Frankreich eingefügt worden waren, oder sie mußten die Bildung dieser Flächenstaaten beherrschen: die italienische Lösung. In beiden Fällen blieben die Möglichkeiten für eine günstige Ausgestaltung der städtischen Wirtschaft erhalten. . . .
Nicht darin liegt die Ursache des Niedergangs der deutschen Stadt, daß sie sich einem Staate einordnete, sondern daß sie von einer unzulänglichen und ihr wesensfremden Staatlichkeit unterworfen wurde. Denn unzulänglich war die deutsche Partikularstaatlichkeit, die jetzt die einzige Staatlichkeit in Deutschland wurde, schon wegen der Kleinheit und Zerrissenheit dieser gänzlich unorganischen Gebilde des rein dynamischen Machtkampfes. Nicht ohne Grund hatte gerade der Kampf für ein einheitliches großes Wirtschaftsgebiet die Städte in früheren Jahrhunderten auf die Seite des Königs geführt. . . .
Noch schlimmer als die Unzulänglichkeit hat sich auf die Dauer für die deutsche Stadt die Wesensfremdheit der deutschen Partikularstaatlichkeit ausgewirkt. Die Kräfte, die in ihr wirksam waren, waren die des siegreichen Fürstentums, der Feudalität. Für diese Staaten und Zwergstaaten kamen Stadt und Bürger nur als Gegenstände der Beherrschung, der Unterordnung in Frage, nicht als Quellen, aus denen man auch jene Kräfte nahm, die im ganzen Staate mitherrschten und seinen Geist mitbestimmten. Man vergegenwärtige sich die Stellung des englischen Bürgertums im englischen Nationalstaate, seine rege Beteiligung im Parlament, und der ganze Gegensatz ist gegeben. Im deutschen Partikularstaat herrschten der Fürst und ein Adel, den man für den Verlust seiner Selbständigkeit mit der führenden Rolle am Hof, im Heer und in der Verwaltung abfand. . . .
Jetzt erst wird die deutsche Stadt klein, beherrscht von Kirchturmsinteressen, und mit der Stadt und in der Stadt wird klein der städtische Bürger. . . . An die Stelle der stolzen, aufrechten Haltung eines über seine Geschicke selbst verfügenden, in weite Räume wirkenden Bürgertums trat die kleinliche, engbrüstige, devote Haltung des Untertanen der späteren Jahrhunderte. Damit war aber eine der besten Kraftquellen der Nation, vielleicht die beste, zunächst einmal vertan."

Fritz Rörig, Die europäische Stadt im Mittelalter, Göttingen 1964, S. 121–125. Ursprünglich in: Propyläen-Weltgeschichte Bd. IV 1932.

Arbeitsauftrag:

Welche Entwicklung nahm die deutsche Stadt seit dem ausgehenden Mittelalter?

Welche Ursachen und Folgen hatte diese Entwicklung?

Auf welchen Voraussetzungen beruht das Urteil von Rörig?

8. Zur historischen Beurteilung der mittelalterlichen Stadt

Q 8.1 *Wilhelm Berges, Städtische Rechtszonen in Europa*

„Man könnte die drei Zonen der möglichen, angehenden und ausgebauten Stadtstaaten unterscheiden.

Die erste Rechtszone umfaßt England und Frankreich, mit bedeutsamen Varianten auch nordische Staaten, Spanien und Süditalien. Charakteristisch war hier nicht so sehr, daß ein ausgesprochen agrarisches Land wie das damalige England den Unterschied zwischen Stadt und Grafschaft nicht forcierte, daß in Südfrankreich, auf der Pyrenäenhalbinsel und im Königreich Sizilien die Stadt sogar von der Antike her ohne Kontinuitätsbruch in etwa Austausch- und Verwaltungszentrum des Bezirks geblieben war. . . . Nur das entschied, daß die kommunale Bewegung in den genannten Ländern auf einer bestimmten Formationsstufe abrupt oder schrittweise abgebrochen wurde. Abrupt in Süditalien-Sizilien. Dort nahmen die normannischen Herrscher alle Möglichkeiten kolonialer Traditionslosigkeit wahr, um den Staat auf den Hof und seine Beamten zu konzentrieren, und auf diesem Weg zu diesem Ziel waren sowohl Feudalbarone wie autonome Städte Hindernisse. . . .

Die zweite Rechtszone sind die Gebiete des damaligen deutschen Reiches und das angrenzende Mitteleuropa. . . .

In Nord- und Mittelitalien, der dritten Rechtszone, waren die politischen und sozialen Voraussetzungen für Ausbau und Vollendung von Stadtstaaten am günstigsten, ganz abgesehen von der idealen Kreuzpunktlage im damaligen Weltverkehr und den damit gegebenen wirtschaftlichen Aussichten. Die Reichszugehörigkeit des Landes garantierte ein Höchstmaß von Autonomie . . . Dazu kam, daß das Schicksal die italienische Stadt nie so schroff von der agrarischen Umwelt getrennt hatte wie die nordeuropäische . . . Als die Kirche das politische Vakuum auszufüllen suchte, erwies es sich als glücklich, daß die ältere hierarchische Ordnung auch den kleinsten Städten einen Bischof zugeteilt hatte, daß sich Stadtbezirke und Diözesen . . . deckten . . . Italien wahrte auch insofern eine antike urbane Tradition, als ein Großteil des Adels die Verwaltung seines ländlichen Grundbesitzes vom festen und bequemen Stadthaus aus leitete und, nun einmal stadtsässig, auch unbedenklich an der Seite der Bürger in das aufblühende Erwerbsleben einstieg . . . Kein Zweifel, die italienische Stadt, hatte sie sich erst einmal von bischöflicher oder gräflicher Stadtherrschaft befreit, brauchte sich nicht erst um eine kirchliche und wirtschaftliche, gerichtliche und militärische Vorortschaft zu bemühen."

Wilhelm Berges, Stadtstaaten des Mittelalters, in: Die Stadt als Lebensform, hrg. von O. W. Haseloff, Berlin 1970, S. 52–61

Arbeitsauftrag:

Welche Rechtszonen werden unterschieden, welches sind ihre Charakteristika?

Ergänzen Sie die (ausgelassenen) Aussagen über Mitteleuropa!

Q 8.2 *Edith Ennen, Die europäischen Stadtlandschaften*

„Die Stadtkultur des europäischen Mittelalters hat ihre hervorragendste Ausprägung in einem südlichen und in einem nördlichen Gebiet gefunden, in Oberitalien und im Raum zwischen Seine und Rhein.

Oberitalien, stärker als irgendein anderes Gebiet Europas vom Erbe römischer Urbanität und vom wiedererwachenden Geist antiker Bildung und Gesittung geprägt, neben Unteritalien, der Provence und Katalonien am offensten für Einflüsse aus Byzanz und der arabischen Welt, blieb vom Ende der Stauferzeit bis 1494 frei von einer die zur Autonomie hier wie anderwärts drängende Bürgerschaft bindenden altfeudalen oder sich unterwerfenden modernen zentralen Staatsgewalt. Geführt von einer herrenbürgerlichen Schicht aus merkantilem Stadtadel und reichgewordenen Kauffahrern, erkämpften seine seebeherrschenden Stadtrepubliken einen Kolonialbesitz, der den Zugang zu den Schätzen des Orients sicherte, ja im Fall Venedigs monopolisierte; ihre klugen und geschickten, besser und früher als anderswo mit der Rechenkunst und den arabischen Zahlen vertrauten Geldleute . . . wurden zu den Bankiers der mit den weitestgestreuten Einkünften ausgestatteten und vielleicht geldbedürftigsten Macht Europas, der römischen Kurie, aber auch der europäischen Fürsten . . .

Im städtischen Ballungsraum zwischen Seine und Rhein entfalten sich die wirtschaftlichen Energien am stärksten. Kennzeichnend für diesen Raum ist die enge und vielfältige Verbindung von Exportgewerbe und Handel. Die Schlüsselstellung nimmt dabei die Tuchindustrie ein. . .

Der oberdeutsche Raum stellt sich dar als eine Fülle aktiver Städtelandschaften: das Bodenseegebiet und Oberschwaben mit Konstanz, Ulm und Augsburg – Altbayern mit dem alten Regensburg und dem jungen München – Innerschwaben mit Esslingen – schließlich der wunderbare Aufstieg Nürnbergs. Oberdeutschland ist das Land der Reichsstädte im strikten Sinn des Wortes . . ."

Edith Ennen, Die europäische Stadt des Mittelalters, Göttingen 1975, S. 149 ff.

Arbeitsauftrag:

Welche Stadtlandschaften stellt Ennen fest?

Welches sind ihre Eigentümlichkeiten?

Erschließen Sie aus Karte oder Atlas, welche weiteren Stadtlandschaften hier nicht aufgeführt sind!

Zwischenbemerkung:
Die folgenden vier Texte urteilen verschieden über die Bedeutung der mittelalterlichen Stadt für den Verlauf der Geschichte. Sie zeigen unterschiedliche Intentionen (auch nicht-wissenschaftlicher Art), worauf bereits Besonderheiten der jeweiligen Sprachverwendung hinweisen.

Q 8.3 *Friedrich Engels: Über den Verfall des Feudalismus und das Aufkommen der Bourgeoisie*

„Während die wüsten Kämpfe des herrschenden Feudaladels das Mittelalter mit ihrem Lärm erfüllten, hatte die stille Arbeit der unterdrückten Klassen in ganz Westeuropa das Feudalsystem untergraben, hatte Zustände geschaffen, in denen für den Feudalherrn immer weniger Platz blieb. Auf dem Lande freilich trieben die adligen Herren noch ihr Wesen ..., aber ringsherum hatten sich Städte erhoben ...
Im fünfzehnten Jahrhundert waren die Städtebürger bereits unentbehrlicher in der Gesellschaft geworden als der Feudaladel ... Die Bedürfnisse auch des Adels [hatten sich] so vermehrt und verändert, daß selbst ihm die Städte unentbehrlich geworden; bezog er doch sein einziges Produktionswerkzeug, seinen Panzer und seine Waffen, aus den Städten! Einheimische Tuche, Möbel und Schmucksachen, italienische Seidenzeuge, Brabanter Spitzen, nordische Pelze, arabische Wohlgerüche, levantinische Früchte, indische Gewürze – alles, nur die Seife nicht – kaufte er von den Städtern ... Während der Adel immer überflüssiger und der Entwicklung hinderlicher, wurden so die Städtebürger die Klasse, in der die Fortentwicklung der Produktion und des Verkehrs, der Bildung, der sozialen und politischen Institutionen sich verkörpert fand ... Dabei hatte die Bürgerschaft der Städte eine gewaltige Waffe gegen den Feudalismus – das Geld ...; auch der Adel konnte es nicht mehr entbehren, und da er wenig oder nichts zu verkaufen hatte, da auch das Rauben jetzt nicht ganz so leicht mehr war, mußte er sich entschließen, vom bürgerlichen Wucherer zu borgen. Lange ehe die Ritterburgen von den neuen Geschützen in Bresche gelegt, waren sie schon vom Geld unterminiert; in der Tat, das Schießpulver war sozusagen bloß der Gerichtsvollzieher im Dienst des Geldes. Das Geld war der große politische Gleichmachungshobel der Bürgerschaft. Überall, wo ein persönliches Verhältnis durch ein Geldverhältnis, eine Naturalleistung durch eine Geldleistung verdrängt wurde, da trat ein bürgerliches Verhältnis an die Stelle eines feudalen. ...
Im fünfzehnten Jahrhundert war also die Feudalität in ganz Westeuropa in vollem Verfall; überall hatten sich Städte mit antifeudalen Interessen, mit eigenem Recht und mit bewaffneter Bürgerschaft in die feudalen Gebiete eingekeilt, hatten die Feudalherren teilweise schon gesellschaftlich, durch das Geld, und hie und da sogar auch politisch in ihre Abhängigkeit gebracht ..."

Marx/Engels, Über Deutschland und die deutsche Arbeiterbewegung. Bd. 1, Berlin 1961, S. 158–161. (Verfaßt 1884)

Arbeitsauftrag:

Entkleiden Sie den Text der journalistischen Aufmachung und vergleichen Sie die Aussagen mit der Bilanz Rörigs (Q 7.5).

Q 8.4 *Karl Bosl, Bedeutung des mittelalterlichen Bürgertums*

„Der Prozeß der Stadtbildung sowie des Aufstiegs des Bürgertums ist in der feudalen Epoche des europäischen Aufbruchs um so höher einzuschätzen, wenn man ihn vergleichend in Beziehung setzt zur Französischen Revolution, die zwar von den vorwiegend adelig-geistlichen Generalständen eingeleitet, jedoch vom Bürgertum vorangetrieben und erfolgreich bestanden worden ist. ...
Das Bürgertum des sogenannten Mittelalters war eine dynamische und aktive Kraft, die die Wirtschaft und Gesellschaft der Epoche evolutionär entfaltete und mitgestaltete, aber nicht grundlegend veränderte und politisch beherrschte, sondern eingebettet blieb in die feudale Gesellschaft und Welt, neben und in ihr sich entfaltete, aber von ihr beschattet blieb. Der neue Geist und Wille, der sie prägte, die neue Gesinnung des Rechnens und Kalkulierens, der Arbeit, des Gewinnes und Erfolges, die sie vorantrieb und beseelte, fügten der mächtig erblühten Vielfalt der materiellen und geistigen Welt seit dem 11./12. Jahrhundert einen sehr kraftvollen neuen Zug bei, der die archaische Grundstruktur der alten Gesellschaft entscheidend mitverändern half; neue Bewegungen innerhalb und außerhalb der Kirche, die sich religiös gaben, aber auch gesellschaftskritisch waren und zu Widerstand, auch zu revolutionärer Tat drängten, kamen auf und waren von Bürgern und Bauern getragen. Aber sie und ihr Geist, auch das Bürgertum im ganzen, wurden in diesem Aufbruch von Gesellschaft und Kultur noch nicht dominant, sie entwickelten sich neben den anderen alten und neuen Kräften, gesellten sich ihnen bei oder ordneten sich ihnen unter; sie waren vor allem keine entscheidende politische Potenz, wenn auch eine stetig wachsende wirtschaftliche Kraft. Ihre Führungsschicht, das Patriziat, ging schließlich im Niederadel auf und stieg zum feudalen Herrenstand empor."

Karl Bosl, Grundlagen der modernen Gesellschaft im Mittelalter, Bd. II, S. 248 f. (1972)

Q 8.5 *Erich Maschke, Die Entstehung des Frühkapitalismus in der mittelalterlichen Stadt*

„Nur wer die wirtschaftlichen Vorgänge im Bereich von Geld und Kredit, die sich in den deutschen Städten zu Ausgang des Mittelalters vollzogen, ganz überschaut, hat auch Einsicht in den tiefen Wandel, den sie auslösten. Gewiß gab es Gewinnstreben und Reichtum zu allen Zeiten, freilich immer repräsentiert von einzelnen. Doch jetzt stieg eine Generation überragender Persönlichkeiten auf, die mit der Neuerung der Gesellschaftsform in Handel, Produktion und Kredit eine Kapitalkonzentration von bisher unbekanntem Ausmaß durchführten ...
Standen damals wie heute die großen Kaufleute und ihre Gesellschaften im Mittelpunkt des Interesses, so war das Phänomen einer neuen geistigen Haltung und eines dadurch geprägten wirtschaftlichen Verhaltens doch viel umfassender. Ein auf Geld und Kredit, Kapital und Zins, Investition und Gewinn ausgerichtetes Denken verbreitete sich im 15. und 16. Jahrhundert weit über den Kreis der Kaufleute hinaus. ...
In der geldwirtschaftlich orientierten Gesellschaft der spätmittelalterlichen Stadt war die Vermögenshöhe das Kriterium der Geltung und des Ansehens. Doch gerade die Polarisierung der Gesellschaft, durch welche zunehmend Arme und Reiche ohne starke vermittelnde Zwi-

schenglieder einander gegenübergestellt wurden, löste Veränderungen im sozialen Bewußtsein aus, die ihrerseits nicht selten Aktivitäten zur Folge hatten. Weiterhin eingebettet in die christliche Glaubensordnung, brach angesichts der außerordentlichen Kapitalkonzentration eine neue Bewußtseinslage durch, in der die soziale Lage als solche wesentlich wurde und weithin kritisch diskutiert werden konnte. Ganz allgemein wird der Umfang dieser Veränderung unter anderem sichtbar in der veränderten Wertung von Armut und Arbeit.
Hatte die christliche Caritas Jahrhunderte hindurch jedem Armen, der um ein Almosen bat, geholfen, so wurde jetzt zwischen verschuldeter und unverschuldeter Armut unterschieden. Gerade in den Städten wurde diese Unterscheidung mit großer Konsequenz entwickelt und die Unterstützung der unverschuldet Armen überdies auf die in der Stadt Ansässigen beschränkt. . . .
Zu den amtlichen Maßnahmen gehörte auch die Bekämpfung des Bettels. Im Laufe des 15. Jahrhunderts unterschied man schärfer zwischen Arbeitsunfähigkeit mit der Folge der unfreiwilligen Armut und andererseits Arbeitsunwilligkeit. . . .
Die Zeit vom späten 14. bis zur Mitte des 16. Jahrhunderts ist durch vielfältige, sich gegenseitig bedingende und ergänzende Neuerungen im materiellen wie im geistigen Bereich bestimmt, wie sie die deutsche Stadt in ähnlicher Fülle erst wieder mit der Industrialisierung im 19. Jahrhundert erfahren hat. Selbstverständlich gab es, wie im allgemeinen geistigen Leben, so auch hier die Mächte der Beharrung und des Widerstandes gegen die Neuerung. Der Rat der Stadt Nürnberg, deren Kaufleute in der Bergbautechnik, der Kapitalgesellschaft oder dem Verlagswesen so neuerungsbereit waren, verbot die meisten technischen Fortschritte, insbesondere die Ersparnis von Menschenkraft durch Maschinen. Doch typisch war vielmehr die Bereitschaft für das Neue auf allen Gebieten des Lebens. Es ist daher erlaubt, eine solche Periode als geschichtliche Einheit zu begreifen. Übergeordnet in ihr ist die Kapitalkonzentration, die mit der Bildung großer Vermögen weitreichende Folgen im wirtschaftlichen und sozialen Leben hatte und die Verwirklichung kultureller Bemühungen ermöglichte. Hierzu gehört auch als Massenerscheinung ein weit verbreitetes wirtschaftliches Denken, das auf Gewinn in Form von Geld und auf arbeitsloses Einkommen ausgerichtet war. Sucht man für die Periode der Stadtgeschichte vom späten 14. bis zur Mitte des 16. Jahrhunderts einen kennzeichnenden Begriff, so bietet sich trotz aller Bedenken der des Frühkapitalismus an."

E. Maschke, Deutsche Städte am Ausgang des Mittelalters, in: W. Rausch (Hrg.) Die Stadt am Ausgang des Mittelalters (Linz 1974) S. 12 ff.

Q 8.6 *Edith Ennen, Die geschichtliche Bedeutung des mittelalterlichen Städtewesens*

„Es ist ein Irrtum anzunehmen, dynamische Entwicklungen eigneten nur unserer Gegenwart und die „gute alte Zeit", die in Wirklichkeit oft eine schlechte alte Zeit war, habe sich durch Geruhsamkeit, Immobilität und Mangel an revolutionären Veränderungen ausgezeichnet. Unterschiede bestehen in der Größenordnung der Bevölkerung und der Siedlungen und im Tempo der Entwicklung. . . .
Soziale Mobilität war im Mittelalter überhaupt und besonders in der städtischen Gesellschaft gegeben; die Mobilität im Raum war – berücksichtigt man die Verkehrsverhältnisse – sogar außerordenltich groß; ich erinnere nur an die Reisen der Kaufleute und an die Zuwanderung in die Städte. Der Wandel der Lebensformen von der herrenständisch geordneten, agrarwirtschaftlich bestimmten Gesellschaft des frühen zu der Städtekultur des späten Mittelalters mit Bürgerfreiheit, autonomen Stadträten, Stadtuniversitäten, Handelskapitalismus, Wirtschaftsverflechtung war ebenso tiefgreifend wie die Umgestaltung von Gesellschaft und Wirtschaft im 19. und 20. Jahrhundert. . . .
Die großen Entdeckungen, der Kolonialismus, die Dekolonisation haben handelsgeschichtliche Verlagerungen, Aufstieg und Niedergang einzelner Städte gebracht, aber keine Umformung der städtischen Lebensform bewirkt. Wie wenig Kriege ändern können, haben wir selbst erlebt . . . In der großen deutschen Katastrophe von 1945 waren Familie und Gemeinde die einzigen noch funktionierenden Gemeinschaftsformen. Der Ersatz des mittelalterlichen Stadtrechts durch eine moderne Selbstverwaltung bedeutet m. E. keine Aushöhlung der städtischen Lebensform, zumal die bürgerlichen Revolutionen des ausgehenden 18. und des 19. Jahrhunderts die großen rechtlichen Errungenschaften der mittelalterlichen Stadt – die bürgerliche Freiheit und die Gleichheit vor Gericht – zu allgemeinen gemacht und an die Stelle freier Stadtbürger in ihren Mauern freie Staatsbürger in Stadt und Land hatten treten lassen. . . .
Die Verstädterung des Landes setzt im Mittelalter ein; sie prägt sich aus den vielen Zwischengliedern zwischen Stadt und Dorf: den borghi franchi, villes neuves, Freiheiten, Flecken und durch die Entstehung ländlicher Gewerbe. Diese Entwicklung gewinnt in unserer Gegenwart größte Intensität . . . In ihrem Alltags- wie in ihrem Luxusangebot ist die Großstadt unübertreffbar; sie ist zentraler Ort höchster Stufe in vielen Lebensbereichen. So können wir auch hier eine durchgehende Entwicklungslinie feststellen.
„Quantitative Problematik" bot auch die mittelalterliche Stadt: die Versorgung einer Agglomeration von mehr als 3000 Menschen mit den lebensnotwendigen Gütern war damals offensichtlich ein Problem. Die Revolutionierung des Verkehrs hat es aus der Welt geschafft; andere Versorgungsprobleme sind dafür entstanden . . .
Können wir etwas von der mittelalterlichen Stadt lernen? Vielleicht von ihrem Bodenrecht mit seinen Leiheformen – wobei nicht verschwiegen werden darf, daß die Bodenspekulation auch in den mittelalterlichen Kreisen sehr beliebt war; sicher von Engagement ihrer Bürger für die Freiheit und Sicherheit, für die Ordnung und Schönheit ihres städtischen Lebensbereiches, die sie mit Opfern erkämpften und behaupteten, bzw. mit bemerkenswert gutem Geschmack gestalteten. . . . Die schwierigsten Probleme liegen m. E. gar nicht in den Fragen der Verkehrsbändigung und der vernünftigen Stadtplanung, sondern in der Wiedergewinnung der stadtbürgerlichen Freiheit des Mittelalters, die eine Freiheit in der Bindung an das Gemeinwohl der Stadt war, deren Bürger zu sein Last wie Vorzug bedeutete."

Edith Ennen, Die europäische Stadt des Mittelalters. 2. ergänzte und verbesserte Auflage Göttingen 1975, S. 222–227

Arbeitsauftrag zu Q 8.3 bis Q 8.6:

Worin sehen die Autoren Engels, Bosl, Maschke und Ennen die Bedeutsamkeit der mittelalterlichen Stadt für den Fortgang der Geschichte?

Arbeiten Sie die jeweilige Intention heraus!

Zusammenfassende Fragen

A Kennen:

1. Zeichnen Sie idealtypisch die Entwicklungsgeschichte der mittelalterlichen Stadt nach!
2. Legen Sie dar, worin die politische, soziale, wirtschaftliche und kulturelle Bedeutung der Stadt für das Mittelalter liegt!
3. Was unterscheidet im Mittelalter die Bewohner der Städte von denen der Dörfer? – Welche Unterschiede gibt es heute?

B Anwenden:

1. Welche Begriffe haben Sie kennengelernt? –
   Prüfen Sie nach, ob diese Begriffe heute noch verwendet werden. – Mit welcher Bedeutung gebraucht man sie heute? – Wie werden entsprechende Inhalte heute benannt?
2. Was bedeuten Freiheit und Gleichheit in der mittelalterlichen Stadt? –
   Vergleichen Sie damit das moderne Verständnis dieser Begriffe.
3. Welche soziale Schichtung gab es in der mittelalterlichen Stadt? Welche Formen von Mobilität sind zu bemerken? –
   Vergleichen Sie Ihre Ergebnisse mit der mittelalterlichen Gesamtgesellschaft und mit der heutigen Gesellschaft.
4. Welche Formen des Wirtschaftslebens zeigt die mittelalterliche Stadt? –
   Vergleichen Sie Ihre Ergebnisse mit der mittelalterlichen Gesamtgesellschaft und mit den heutigen Verhältnissen.

C Urteilen:

1. Inwiefern ist es berechtigt, von der „antifeudalen Qualität“ der Stadt zu sprechen?
2. Diskutieren Sie, ob die mittelalterliche Stadt Fortschritte brachte.
3. Wie wird heute die Stadt und das Leben in ihr beurteilt?
4. Inwieweit ist es berechtigt, vom Modellcharakter der mittelalterlichen Stadt und ihrer Bewohner für die Gegenwart zu sprechen?

Textilarbeiter. Aus Rodericus Zamorensis: „Spiegel des menschlichen Lebens“, Augsburg 1479. Der Wollkämmer reinigt die Rohwolle und kämmt sie als Vorbereitung für die Verspinnung. Vor der Erfindung des Spinnrades wurde der Faden zwischen den Zehen hindurchgezogen. Aufwickeln der Wolle. Handwebstuhl.

Begriffsglossar

Acht:	Germanische Fried- und Rechtlosigkeit. Der Geächtete durfte straflos ermordet, beraubt und versklavt werden. Später der „weltliche Bann".
Allmende:	Gemeinschaftseigentum an Boden (Weide, Wald, seltener auch Ackerland), vorzugsweise von Markgenossenschaften, Dörfern, auch Städten.
Allod:	Eigen- und Familien(erb)gut (Grundbesitz), im Gegensatz zu Kaufgut und Lehen. Der deutsche Adel besaß nicht nur Lehen, sondern gerade auch Allod; in der Verfügung darüber war er vom König unabhängig.
Bann:	ursprünglich allgemein Befehls- und Verbotsgewalt, bes. des Königs. Dieser übertrug in der „Bannleihe" den B. an Fürsten, Grafen und Beamte. Oft im Sinn von Acht verwendet, bes. im kirchlichen Sprachgebrauch: = Exkommunikation, Ausstoßung aus Kirchen- und Sakramentsgemeinschaft.
Bannmeile:	räumliche Festlegung der Banngewalt. Um die Städte Zone eines erhöhten Friedens, für dessen Wahrung auch außerhalb der Stadtmauer das Stadtgericht zuständig war; dort häufig Gewerbe- und Handelsbeschränkung zugunsten der Bürger.
Burg:	ursprünglich keineswegs nur das militärische Kleinkastell, sondern auch die Großfestung, also auch die Stadt. Darum viele Ortsnamen mit der Zusammensetzung -burg, „Bürger" ist der Stadtbewohner.
Burggraf:	Befehlshaber einer Burg, bes. in West- und Süddeutschland auch landesherrschaftlicher Befehlshaber über eine Stadt; auch „Stadtgraf".
Civitas:	in der röm. Antike Vorort eines Stammes- oder Verwaltungsdistriktes, Stadt *und* Umland. Im Mittelalter zunächst allgemein befestigter Ort, dann die rechtlich voll ausgebildete, zumeist etwas größere Stadt (ohne Umland).
Coniuratio:	lat. Verschwörung, Schwurgemeinschaft speziell von Fernhändlern.
Fehde:	die außergerichtliche, rechtliche Selbsthilfe, Standesvorrecht des Adels. Im Laufe des Mittelalters entartet die F. und wird 1495 verboten.
Gilde:	genossenschaftlicher Zusammenschluß zu gegenseitigem Schutz; mit religiöser Zielsetzung (= Bruderschaft); zur Pflege der Geselligkeit. Bes. wichtig die Kaufmanns-Gilden mit Zunftcharakter. Handwerksgilden s. Zunft.
Gulden:	abgek. fl., von: Florentinus, älteste städtische Goldprägung aus Florenz (Mitte des 13. Jahrhunderts). Name und Abkürzung werden bald für alle ähnlichen Goldprägungen verwendet; in Deutschland am wichtigsten der rheinische Gulden (= rh.fl.).
Handfeste:	Gnadenbrief, häufig Bezeichnung für landesfürstliches Stadtprivileg.
Immunität:	Sonderrechtsdistrikt, der aus der allgemeinen Verwaltung ausgenommen war, häufig seit der Karolingerzeit bei kirchlichen und adligen Grundherrschaften. In den Städten bestanden vielfach geistliche I. (Dom- oder Klosterareal), zumeist besonders ummauert, in denen die Organe der Stadt keine Hoheitsrechte vornehmen durften und keine Polizeigewalt besaßen.
Lokator:	Vom Fürsten oder Grundherrn beauftragter „Unternehmer" bei der Anlage neuer Städte und Dörfer. Zumeist wurde der L. nach Ortsgründung Dorfschulze oder mit der örtlichen Steuereintreibung beauftragt, bes. im deutschen Osten.
Markt:	man unterscheidet: Nahmärkte (Wochenmärkte) für die örtliche Bedarfsdeckung; Fernmärkte (meist ein oder zwei Mal jährlich) für die überörtliche Warenverteilung. Eine besondere Form der Fernmärkte sind die im Mittelalter entstandenen Messen, zumeist Fernmärkte mit ausgesprochen internationalem Charakter. Marktrecht ist die wichtigste Vorstufe des Stadtrechts; bis zum Ausgang des 11. Jahrhunderts konnte es nur der König verleihen.
Ministerialer:	Dienstmann, Mitarbeiter von König oder Fürsten bei Verwaltung und Kriegsdienst, ursprünglich zumeist unfreien Standes. Die Ministerialen stiegen im Reichs- und Fürstendienst sozial in den niederen Adel auf; zahlreich waren ministerialische Familien in den Städten, wo sie zunächst als Vertrauensleute der Stadtherrn Verwaltungs- und Verteidigungsaufgaben wahrnahmen, dann aber bald mit den Fernkaufmannsfamilien zum Patriziat verschmolzen.
Munt:	Germ. Schutzpflicht, Vertretungs- und Verfügungsrecht über Personen.
Patriziat:	Oberschicht in den Städten, zumeist entstanden durch Verschmelzung der stadtansässigen herrschaftlichen Ministerialen und der reichen Kaufmannsfamilien. Beim P. lag fast überall zunächst das Stadtregiment, bis in den Bürgerkämpfen vielenorts die Zünfte oder andere Gruppen Mitbeteiligung oder ausschließliche Besetzung des Ratsgremiums erzwangen. In sehr vielen Städten wurde jedoch später das patrizische Regiment wiederhergestellt.
Pfahlbürger:	Außerhalb der Stadt Wohnende, die das Bürgerrecht besaßen und sich damit Landrecht und Landsteuer zu entziehen suchten; mehrfach reichsrechtlich verboten.

Privilegien: (namentlich königliche) Gnadenbriefe, die dem Empfänger ein Sonderrecht einräumten. Fast alle Städte besaßen solche Urkunden; auch das Stadtrecht war in zahlreichen Fällen in Privilegienform gekleidet.

Rat: Seit dem 12. Jahrhundert das Hauptorgan städtischer Autonomie. Besetzung durch Wahl, aber fast überall gebunden an bestimmte Gruppen, zunächst ausschließlich Patrizier, später auch Vertreter der Zünfte oder anderer Gruppen.

Regalien: Rechte, die an sich der Krone vorbehalten waren, von dieser aber an Fürsten und später auch an Städte verliehen wurden, wie Zollrecht, Münzrecht, Gerichtsbarkeit, Straßengeleitsrecht usw.

Schöffe: Gerichtsgeschworener, Beisitzer beim Stadtgericht, oft = Ratsherr.

Schultheiß: das gewählte Oberhaupt der Stadtgemeinde = Bürgermeister oder auch Amtmann, in vielen Städten jedoch auch der vom Stadtherrn entsandte Oberbeamte.

Ungeld: zumeist Bezeichnung für indirekte Steuer, die als Aufschlag auf Konsumgüter wie Salz, Wein, Korn oder Kohle erhoben wurde.

Vogt: ursprünglich in fränkischer Zeit ein adliger Laie, der in geistlichen Immunitäten Blutgerichtsbarkeit und militärische Schutzaufgaben wahrnahm. Die Bedeutung weitet sich rasch aus; V. ist oftmals ein (weltlicher) Beamter. In den Städten war V. zumeist gleichbedeutend mit Burggraf oder Stadtgraf.

Weichbild: gleichbedeutend mit Stadtrecht. Im deutschen Nordwesten auch Bezeichnung für kleinere Städte oder verstädterte Dörfer.

Zunft: Vereinigung zumeist berufsständischer Art = Handwerksgilde. Ursprünglich war die Mitgliedschaft freiwillig; da die Z. Gewerbeaufsicht, Absatzplanung und wirtschaftliche Sicherstellung ihrer Mitglieder anstrebte, ging man zum Zunftzwang über: jeder Handwerker eines bestimmten Berufszweiges mußte Zunftmitglied sein. Die Zünfte schufen sich eine feste Verfassung mit gewählten Vertretern (Zunftmeister); sie erstrebten politisches Mitbestimmungsrecht. In Norddeutschland hießen die Zünfte zumeist Ämter.

Weiterführende Literatur

Anstelle von zahlreichen Stadtgeschichten, die man in jeder Bibliothek leicht finden kann, soll zunächst ein Sammelwerk angeführt werden, das den Zugang zur jeweiligen Stadtgeschichte und der Spezialliteratur eröffnet, zugleich aber auch den Vergleich mit anderen Orten ermöglicht:

Handbuch der historischen Stätten. Kröner Taschenbuchausgaben Stuttgart 1964 ff. Bd. I: Schleswig-Holstein/Hamburg, Bd. II: Niedersachsen und Bremen, Bd. III: Nordrhein-Westfalen, Bd. IV: Hessen, Bd. V: Rheinland-Pfalz/Saarland, Bd. VI: Baden-Württemberg, Bd. VII: Bayern, Bd. VIII: Sachsen, Bd. IX: Thüringen, Bd. X: Berlin/Brandenburg; weitere Bände über: Ost- und Westpreußen, Österreich I (Donauländer und Burgenland), Österreich II (Alpenländer und Südtirol).

Ferner wird aus der neueren wissenschaftlichen Literatur empfohlen:

Ennen, Edith: Die europäische Stadt des Mittelalters. 2. Aufl. Göttingen 1975.

Haase, Carl (Hrsg.): Die Stadt des Mittelalters. 3 Bde. Wege der Forschung 243–245. Die einzelnen Bände enthalten ausgewählte Aufsätze zu:
I. Begriff, Entstehung und Ausbreitung. Darmstadt 1975.
II. Recht und Verfassung. Darmstadt 1972.
III. Wirtschaft und Gesellschaft. Darmstadt 1973.

Planitz, Hans: Die deutsche Stadt im Mittelalter. Von der Römerzeit bis zu den Zunftkämpfen. 2. Aufl. Graz–Köln 1965.

Rausch, Wilhelm (Hrsg.): Die Städte Mitteleuropas im 12. und 13. Jahrhundert. Linz 1963.

Rausch, Wilhelm (Hrsg.): Stadt und Stadtherr im 14. Jahrhundert. Entwicklungen und Funktionen. Linz 1972.

Rausch, Wilhelm (Hrsg.): Die Stadt am Ausgang des Mittelalters. Linz 1974.

Rörig, Fritz: Die europäische Stadt im Mittelalter. Ungekürzte Fassung 1. Aufl. Göttingen 1955. (Kleine Vandenhoeck-Reihe Nr. 12/13).

Stoob, Heinz: Forschungen zum Städtewesen in Europa. Eine Aufsatzfolge. Bd. 1. Köln–Wien 1970.

Als erste Einführung:

Kaiser, Ritter und Scholaren. Hohes und spätes Mittelalter. Von A. Fremantie. (rororo Life-Buch Nr. 34)

An belletristischer Literatur wird verwiesen auf:

Pörtner, Rudolf: Die Erben Roms. Städte und Stätten des deutschen Früh-Mittelalters. (Knaur-TB Nr. 132)

Schneider, W.: Überall ist Babylon. Die Stadt von Ur bis Utopia als Schicksal des Menschen. Düsseldorf 1960.